멋있는 남자, 사랑 많은 여자

국립중앙도서관 출판시도서목록(CIP)

멋있는 남자, 사랑 많은 여자 : 남과 여, 성과 사랑에 관한 심리 상담 이야기 / 지은이: 최선주. ─ 서울 : 청동거울, 2007
　p. ; cm
권말부록으로 "단막극" 수록
ISBN 978-89-5749-086-0 03810 : \9000
182.2-KDC4　155.3-DDC21　　　　　CIP2007001229

멋있는 남자, 사랑 많은 여자

2007년 5월 2일 1판 1쇄 발행 / 2007년 6월 1일 1판 2쇄 발행

지은이 최선주 / 펴낸이 임은주 / 펴낸곳 도서출판 청동거울 / 출판등록 1998년 5월 14일 제13-532호
주소 (137-070) 서울 서초구 서초동 1359-4 동영빌딩 / 전화 02)584-9886~7
팩스 02)584-9882 / 전자우편 cheong21@freechal.com

주간 조태림 / 편집 이선미 / 디자인 임명진 / 마케팅 김상석

값 9,000원

잘못된 책은 바꾸어 드립니다.
지은이와의 협의에 의해 인지를 붙이지 않습니다.
이 책의 내용을 재사용하려면 반드시 저작권자와
도서출판 청동거울의 허락을 받아야 합니다.
ⓒ 2007 최선주

Copyright ⓒ 2007 Choi, Sun Ju.
All right reserved.
First published in Korea in 2007 by CHEONGDONGKEOWOOL Publishing Co.
Printed in Korea.

ISBN-13 : 978-89-5749-086-0

남과 여, 성과 사랑에 관한 심리 상담 이야기

멋있는 男子 멋있는 女子

최선주 지음

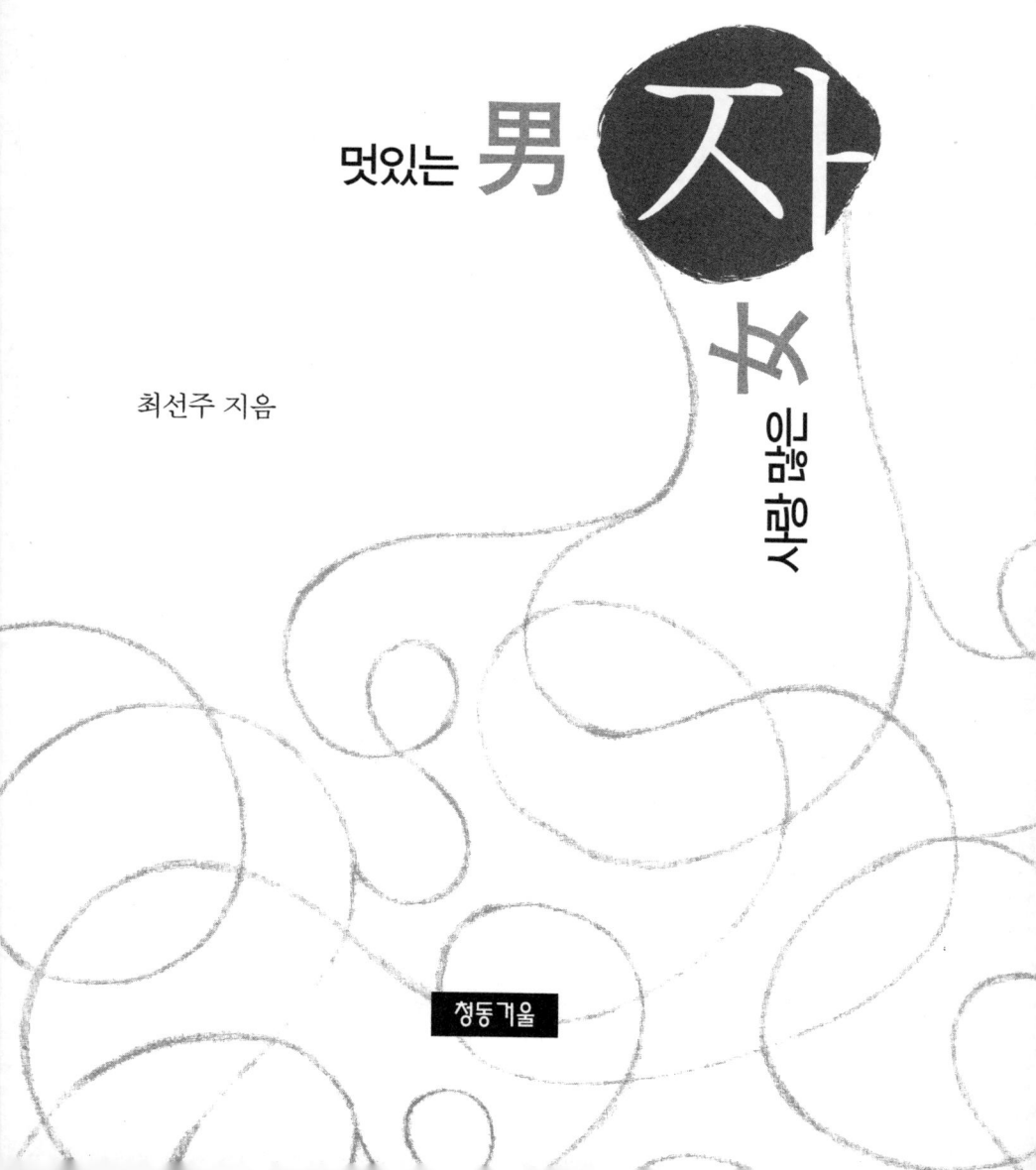

청동거울

변함없는 믿음과 애정으로 지켜보시며,
목에 칼이 들어와도 사람의 도리를 행하며 살라고 가르치신 아버지 최서균 님과
손해 본 듯 사는 것이 잘 사는 것이라고 조화로움을 알게 하신 어머니 정귀식 님께
이 책을 헌정합니다.

감사의 글

　상담을 하면서 목격하게 된 여러 문제들 가운데는 뜻밖에도 단순한 이유가 그 원인인 경우가 많았다. 그 중 하나가, 너무도 심각하고 타협이 불가능해 보이는 부부 사이의 불화와 미움의 저변에, 뜻밖에도 남녀 사이에 존재하는 너무도 당연한 차이점을 간과한 채 문제를 서로의 인격과 결부시킴으로써 심화가 되고 있다는 사실이었다. 비슷한 경우를 자주 목격하게 되면서 차츰 실생활에서 날마다 경험하게 되는 이성이나 부부 사이의 문제점을 남녀가 공히 가진 일반적인 차이점과 연결해서 설명한다면 큰 도움이 될 것이라는 확신을 갖게 되었다.
　인간 관계에서 일어나는 문제를 줄이기 위해서는 무엇보다도 남녀간의 차이를 아는 것이 절박하고도 중요한 문제라고 생각하고 있던 중에, 마침 시카고 한인여성회 상담부에서 생활에 도움이 되는 공개세미나 시리즈를 맡아달라는 요청을 받았다. 이 책은 한인여성회 주최로 수개월에 걸쳐 행해진 공개세미나 시리즈의 일부를 묶은 것이다. 이 자리를 빌어서 여성회 산하 상담부 부장으로서 무료 상담전화인 톡 라인(Talk-Line)을 담당하고 있는 전성희 님께 진심어린 감사를 전한다. 그의 애정어린 격려와 설득이 없었다면 세미나 내용이 책으로 엮어지기는 어려웠을 것이다.

책의 제목은 시카고 한인여성회 주최로 열렸던 단막극을 주관하면서 사용했던 것으로 정했다. 「멋있는 남자, 사랑 많은 여자」 단막극은, 많은 부부가 공통으로 경험하는 몇 가지 문제점을 코믹하게 연출한 것으로 많은 사람들의 열렬한 박수를 받으며 성황리에 마친 공연이 되었다. 여기서 연출된 세 편의 단막극들은 남녀의 차이를 기반으로 벌어지는 일상의 에피소드여서 관람객들로부터 공감을 이끌어 낼 수 있었다. 혹시 도움이 될까하여 책의 뒷부분에 부록으로 실었다.

남녀의 차이에 대한 세미나에 참석해 보고 단막극을 제안했을 뿐 아니라 극의 연기자로 갈채를 받은 바 있는, 당시 한인여성회 교육부장이었던 손예숙 박사님의 열정과 노고에도 심심한 감사를 전한다. 매월 세미나가 시리즈로 진행되는 동안 만사를 제치고 참석해 준 청중 여러분과 수십 년간의 결혼 생활 동안 풀리지 않는 문제로 안고 살았던 의구심이 한 순간에 풀렸다며 격려와 감사함을 전해온 참석자 여러분에게도 이 자리를 빌어서 감사함을 전한다.

여러 바쁜 일정에도 불구하고 흩어져 있던 원고가 한 권의 책으로 탄생될 수 있도록 산파역을 담당해 주신 김종회 박사님과 한선희 사모님께 이에 대한 감사를 드리며, 나아가 앞으로의 인생 여정에 사표(師表)가 되어 주셨다는 점에 대해 더 깊은 감사를 드리고 싶다. 교정을 도와주신 경희대 대학원의 윤효진·차선일 님 등 여러분과 선뜻 출판을 허락하시고 한 권의 멋있는 작품으로 세상에 나오도록 도와주신 청동거울 관계자 여러분께도 감사한다. 끝으로 이 책을 선택한 독자 여러분께 읽는 동안 부디 조그마한 발견과 도움이라도 있게 되었으면 하는 애정어린 바람을 전하는 바이다.

2007년 4월
시카고 텔로스 클리닉에서 최선주

차례

감사의 글 7

서론 15

하나. 남녀의 차이에 대한 이해 21

1. 남녀 차이의 기원 26
2. 신경생리학적 이해 27
3. 남아와 여아의 차이 32
4. 남자가 가진 열등 의식의 배경 35
5. 여자의 열등성에 대한 프로이트의 학설 37
6. 남녀에 있어서의 이상형의 인간 38
7. 올바른 성별 이해를 통한 관계 개선의 방향 42

둘. 남녀의 차이를 고려한 성의 이해 47

1. 남녀평등이 주는 성에 대한 이해와 오해 49
2. 성에 대한 종교적 오해와 이해 51
3. 성에 있어서의 남녀의 차이 56
4. 만족한 성생활에 대한 남녀의 신경생리학적인 차이 60
5. 호르몬이 섹스에 미치는 영향 62
6. 여자가 섹스를 통해 원하는 것 67
7. 남자가 섹스에서 원하는 것 70
8. 남녀에게 공통되게 섹스가 중요한 이유 75

셋. 사랑의 지도 (Love Map) 81

1. 잃어버린 반쪽의 의미 84
2. 사랑에 빠진다는 의미 87
3. 상대적 시간 개념 91
4. 여자가 원하는 멋있는 남자 94
5. 남자에게 매력적인 여자 96

넷. 결혼에 대한 이해 101

1. 고대 동·서양인들의 결혼에 대한 이해 104
2. 결혼의 본질의 시대적 추이 106
3. 애정 표현과 문화적인 시각 112
4. 만족한 결혼에 대한 남녀의 근본적인 차이 114
5. 행복한 결혼을 위한 요소와 그 우선 순위 117
6. 결혼 전에 부모를 떠나야 하는 이유 123

다섯. 바람기와 외도 131

1. 바람과 외도의 정의 132
2. 바람둥이의 배경과 사전 예방 136
3. 중년의 위기(mid-life crisis) 141
4. 남자의 바람과 외도 144
5. 여자의 바람 148
6. 외도 후의 처방 152

여섯. 행복한 커플의 비결과 파경을 예고하는 적신호 157

1. 행복한 커플의 정의와 비결 159
2. 건강한 관계의 공통된 요소 162
3. 성공적이고 건강한 결혼 생활을 위한 전제 167
4. 부부 관계의 경고 사인 174
5. 결혼 생활의 개선 178

부록: 단막극 181
후주 197

서론

서론

'멋있는 남자, 사랑 많은 여자'를
주제로 한 세미나를 책으로 엮게 된 이유

십여 년간 다양한 인종의 사람들을 만나고 그들이 겪는 어려움과 고통을 접하는 심리대화상담치료가로 일해 오면서 뜻밖의 사실들을 발견하게 되었다. 그 가운데 가장 두드러진 두 가지를 들자면 남녀의 차이와 관련된 무지와 행복에 관한 인간의 태도에 대한 사실적인 측면이다.

수천 년의 인류 역사 속에서 남녀의 관계는 적과 동반자의 상반된 역할을 보이며 애증의 관계를 보여 왔다. 남녀 서로에 대해 오해와 착각, 사랑과 배신, 복수와 용서 등 극과 극을 달리는 드라마 같은 삶을 영위해 오던 인류 역사에서 남녀의 차이에 대한 근본적인 연구가 행해진 것은 19세기 말 심리학이 발달되기 시작하면서

부터였다. 또한, 대부분의 사람들이 생각하는 것과는 달리 결혼에 있어 사랑이라는 개념이 섞이기 시작한 것은 불과 100여 년 안팎의 일이다. 음유시인들(troubadouts)에 의해 남녀의 애정이 노래되고 작품으로 나타나기 시작한 것은 13세기였으나 열렬한 사랑이나 애정에 관한 내용은 대개 결혼과는 상관 없는 내용이었다. 애정 지상주의적인 현대의 남녀 관계 특히 결혼한 남녀 사이의 애정문제는 그러므로 인류 역사상 처음 대하는 난제이며 우리 모두가 그 과도기에 처해있는 사람들이라고 해도 과언이 아니다. 18세기의 산업혁명과 20세기의 피임 수단의 전파로 두 번에 걸친 성의 혁명이 있었고, 남녀의 인권 평등이 이루어지면서 결혼의 전제 조건이었던 경제적 이유가 설득력이 적어진 현대에 이혼율이 증가하고 있는 것은 어쩌면 전혀 놀랄 일이 아닌 것이다.

임상의 사례들을 접하면 접할수록 인류 역사상 어느 때에도 골머리를 앓아본 적이 없는 결혼과 애정의 합병 문제를 진지하게 고려하기 위해서는 먼저 남녀의 근본적인 차이를 이해하는 과정이 필수적이라는 확신을 갖게 되었다. 상담에 임하는 사람으로서 목격하게 되는 것은 부부간이나 연인 사이 또는 부녀간의 문제나 불화의 요소들 가운데 결코 서로를 이해할 수 없다고 절망하는 대목마다 비슷한 일화들을 끼고 있다는 사실이다. 유사한 일화를 빚어낸다고 하는 의미는 근본적인 문제나 관계상의 내용들은 저마다 독특하게 다른 상황일지라도, 어느 순간 일어난 사건의 불씨가 되는 태도나 언어상의 이해 정도 또는 말다툼의 내용 등에서 우연이라고 보기에는 너무도 비슷한 유형들이 보여지기 때문이다.

수십 년 전에 '당신과 나 사이에 저 바다가 없었다면 쓰라린 이별만은 없었을 것을'이라고 시작되는 유행가가 있었다. 절절한 인생의 단면이 담겨 있는 '당신과 나 사이의 바다'는 바로 남녀의 근본적인 차이를 간과하는 데서 오는 오해의 바다라고 할 수 있다. 별거나 이혼 같은 결정적인 헤어짐이 아니어도 많은 부부들이 '한 지붕 두 가족'으로 살아가거나 교제하는 연인들이 수많은 오해와 화해의 질곡을 경험하는 것은 더 이상 색다른 이야기가 아니다. 겉으로의 관계야 어찌되었든 마음으로부터의 이혼이 감행되고 영혼의 교통이 단절된 상태는 모두 쓰라린 이별이 있는 삶일 것이다.

남녀의 차이에 대한 무지는 남녀간의 애정 문제뿐 아니라 직장에서의 인간 관계나 부모와 자녀 간의 관계에서도 심각한 갈등의 원인이 되고 있다. 결혼과 가정의 문제를 연구해 온 하워드 마크햄(Howard Markham) 박사는 이혼의 가장 큰 이유는 바로 성별의 차이에 대한 잘못된 인식 때문이라고 결론을 내렸다.[1] 남녀에 대한 이해가 이처럼 중요함에도 불구하고 남녀의 차이에 대한 관심과 연구의 역사가 불과 몇십 년에 불과한 이유는 인간의 심리나 의학적인 질병에 대한 연구는 모두 남자를 대상으로 이루어져 왔기 때문이라고 할 수 있다. 법적으로나 정치적이고 도덕적인 차원에 있어서의 남녀 평등은 이론(異論)의 여지가 없다. 그러나 본질적이고 과학적인 측면에서 보면 남녀 사이의 차이는 엄연하기 때문에 가부장제 사회에서 살던 때와는 달리 전에 없던 혼란과 혼동이 관계 속에 산재해 있다고 보여진다.

　임상을 통해 발견한 또 한 가지의 중요한 측면은 행복에 대한 사람들의 태도였다. 동서고금을 막론하고 인생의 의미와 행복의 발견이 지구상의 인류가 궁극적으로 추구하고 바라는 공통된 명제라고 인식되어 있다. 그러므로, 그런 인간 사회에서 일어나는 관계상의 문제는 의사 소통의 문제 또는 대화의 부족이라고 진단되어 온 것도 사실이다. 그러나 모든 사람들이 행복을 추구한다는 믿음은 하나의 가설에 불과하다는 것을 확인하게 되었다. 대부분의 사람들은 놀랍게도 행복해지는 것을 두려워한다. 다른 말로 하면 사람들은 행복해지기를 원해서 새로운 것을 향해 도전하고 노력하기보다는, 불행이 예고될지라도 이미 익숙해서 편한 상태나 습관대로 사는 쪽을 택한다. 사람 사이의 이해가 부족해 생기는 관계상의 어려움 또한 알려진 것처럼 대화의 부족이 원인이라기보다는 서로 같은 언어를 쓰면서도 마치 외래어로 통화하는 양 저마다 다른 이해와 풀이를 하기 때문이라는 점이다. 얼핏 듣기에는 넌센스일 수 있다. 그러나 이러한 현상은 마치 두 사람이 같은 영화를 보면서 다른 감명을 받는다거나, 같은 사람을 대하면서 다른 느낌을 갖는 것과 크게 다르지 않다.

　남녀가 서로 다른 점에 대해서 논의되어진 책이 많이 있다. 하지만 남녀의 생리학적인 차이를 사람들이 가진 일반적인 관점과 연결시키고 실생활과 관련된 면에서 종합적으로 다룬 책은 아직 발견하지 못했다. 이 책은 우선적으로 상담을 해오면서 만난 사람들과 비슷한 문제를 경험할 사람들을 위해 썼다. 이 책에서는 많은 남녀들이 데이트 상대나 배우자와 관련해서 수수께끼로 여기는 면들을 구체적으로 지적함으로써 남녀간에 발생하는 오해와 불신의 근거를 지적해 보고 싶었다. 남녀의 차이를 보다 근본적인 신경 생리학적인 측면에서 살펴보고, 문화나 제도 속에서 형성된 우리의 인지력이나 기대감과는 실생활에서 어떻게 서로 영향을 미칠 수 있는지 살펴봄으로써 오해보다는 이해, 불화보다는 화목과 조화가 이루어지는 생활을 도모하고자 함이다.

  이 책을 통해 우리 생활 속에서 흔히 경험하는 일이면서도 대부분 오해로 끝나거나 원망이나 의아함을 남기게 되는 남녀 사이의 차이에 대해 보다 잘 이해하게 됨으로써 한결 유연하고 행복한 삶이 되기를 희망한다. 이 한 권의 책으로 상담실에서 행해지는 임상치료의 한 분야가 독자들의 광장을 통해 거론되고 토의되어서 생활에 적용될 수 있기를 바란다.

하나. 남녀의 차이에 대한 이해

남녀가 다르게 만들어졌음에도 불구하고 성공적인 인간 관계에 요구되는 범세계적인 요소가 있다. 즉 서로를 존중하는 것, 서로가 안정감을 느낄 수 있도록 보호해 주는 것, 사랑하고 원하는 대상임을 알게 하는 것, 그리고 각자가 원하는 바를 할 수 있도록 해주는 것이다. 이것은 서로를 경청해 주고 신뢰하며 존중하는 관계일 때 가능한 일이다.

하나. 남녀의 차이에 대한 이해

　남녀의 차이에 대한 이해는 19세기 말 심리학의 등장으로 관심을 받기 시작하였다. 그후로 차츰 인간의 모든 언행과 사고의 중심 기관인 두뇌에 대한 학문적 발달이 이루어지면서 보다 과학에 근거한 무성한 이론들이 있어 왔다. 1939년 83세로 세상을 뜨기까지 평생을 심리 분석에 헌신한 프로이트는 그의 말년에 여자가 원하는 것이 무엇인지 알 수 없다는 유명한 말을 남겼다. 1938년 ~1950년 사이에 미국에서 조사된 유명한 킨제이 보고서에 나타난 남녀의 차이는 한때 센세이션을 일으키며 그 진실 여부에 대한 논란이 끊이지 않았으나 의학의 한 분야인 신경생리학(Neurophysiology)의 발달로 그 타당성을 인정받게 되었다. 한동안 관찰과 경험에만 근거했던 남녀의 차이가 의학 분야의 발달로, 성별에 따른 확연한 차이는 두뇌의 세포 발달과 구조적인 기능의 차이에서 비롯된다고 밝혀졌다. 결국 남녀의 차이를 이해한다는 것은 과학을 이해하는 것이므로 배우지 않고는 불가능하다.

 일반적으로 주변에서 보여지는 남녀간의 현상도 과학적인 설명이 가능해졌다. 즉 성공하고 부자인 남자의 파트너는 흔히 젊고 예쁜 여자인 경우가 대부분이다. 그러나 미녀와 내세울 것 없는 야수의 결합은 거의 없다. 또한 자신을 희생하고 남자를 뒷바라지하는 여자는 있어도 그 반대의 경우는 거의 없다. 그 이유가 무엇인지에 대해서는 각 장에서 차차 설명이 되어질 것이다.

 그동안 남자와 여자가 다른 점을 설명하기 위해 발전해 온 여러 이론들은 대체로 다음과 같은 내용 가운데 하나다.[1] 그 첫째는 태어나면서부터 남아와 여아가 다르게 양육되기 때문에 남녀간의 차이가 있게 된다는 것이다. 이 이론에 따르면, 남자 아이는 울어서는 안 되며 씩씩하게 자라도록 가르침을 받기 때문에 되도록 다른 사람에게 의존하지 않고 감정적으로도 거리감이 있게 성장한다. 여자 아이는 여성스럽게 되도록 양육되어 감정적으로 다른 사람들과 가깝게 성장한다는 것이다. 둘째는 남자와 여자는 태어날 때부터 다르게 태어난다는 것이다. 셋째는 문화적으로 남자가 여자보다 권력이나 자원 활용이 많았던 탓으로 남녀간에 불평등한 관계가 조성되어 왔다는 것이다. 넷째로 남자와 여자를 막론하고 각기

불완전한 인간 관계를 경험하면서 나름대로 정신적인 장애를 갖게 되었다고 보는 점이다. 남녀 관계의 어려움은 따라서 서로가 만나기 이전부터 이미 각자 가지고 있던 어려움 때문이라는 결론이다.

끝으로 성경에 나타난 남녀의 차이를 살펴볼 수 있다. 성경의 창세기에 나오는 최초의 인간인 아담과 이브의 차이는 창조될 때 그 재료에서부터 차이가 난다. 아담은 흙으로 빚어진 후 하나님이 생기를 불어넣어 인간으로 완성시켰다. 그후 아담이 홀로 있는 것이 좋지 않다고 여긴 하나님이 아담을 잠들게 한 후 아담의 갈비뼈 하나를 취해서 최초의 여자인 이브를 창조함으로써 지상에 남녀가 출현하게 되었다. 처음에 완전하게 만들어졌던 아담은 이 과정에서 눈에 보이지는 않으나 몸의 일부가 떨어져 나간 불완전한 존재로서 완전하게 되려는 욕구를 가지게 되었을 수 있다. 여자는 남자의 부분으로 완성되었기 때문에 남자와 연관이 되지만 창조 과정에서 어떤 부분이 채워져야 할 필요가 있게 되었는지는 분명하지 않다.

남녀의 창조는 몇 가지 점에서 다른 창조물과 분명한 차이를 보인다. 창세기에는 창조물을 하나씩 완성시킬 때마다 "하나님 보시기에 좋았더라"라는 구절이 있으나 인간의 창조 후에는 그 구절이 빠져있다. 인간은 또한 다른 창조물과는 달리 하나님과 닮은 형상으로 창조되었으며 창조 후에 인간을 축복하셨다고 나타나 있다. 유대교에서는 인간은 하나님의 형상대로 지은 바 되었으므로 하나님을 모방하기에 중점을 두어야 한다고 가르친다. 이른바 유대교의 할라카(Halakah) 전통으로 삶을 통해서 하나님을 점점 닮아 가는 생활을 하는 것이 목표다.

결론적으로 말하면 다른 창조물과는 달리 인간은 창조되었을 때 완성된 것이 아니다. 인간은 지속적으로 성장하고 발전해 가면서 창조주를 닮아 가는 삶을 사는 것이 과제이며 이에 대한 책임을 다해야 한다는 의미이다. 창세기에서 나타나 있는 남녀의 차이는 처음 지음을 받을 때부터 시작이 되었고 각각 하나님과 비슷해져 가는 삶을 살아갈 때 완성을 향해 나가는 것이라고 보는 것이 창조론적 설명이 되겠다.

남녀간의 차이를 이해하는 데 굳이 특정한 설명만을 취사선택할 필요는 없다. 차이의 근간이 신경생리학적으로 타고난 것인가, 사회 문화적인 환경에 의한 것인가를 따져 보는 것이 중요한 것이 아니다. 보다 더 중요한 문제는 남녀 사이에 확연히 존재하는 구체적인 차이점과 그 내용을 이해하지 않고는 원만한 관계 형성이 어려울 뿐 아니라 일상에서 수시로 벌어지는 충돌과 전쟁 상태를 피할 수 없다는 것을 인식하는 일이라고 하겠다.

1. 남녀 차이의 기원

인류학자들은 원시시대에 살았던 인간의 생활이 사냥과 채집 및 수렵을 통해 이루어졌을 것으로 가정한다. 사냥의 가설은, 즉 남성들에 의해 사냥이 이루어졌고, 따라서 남성들이 먹이를 책임지는 역할을 했다는 주장이다. 사냥론을 주장하는 쪽에서는 생활상에서 남성들이 주도권을 가졌다고 본다. 남자는 사냥에 필요한 기술과 도구를 발전시키고 여자와 자식들의 생계를 담당하는 보호자였다. 여자는 남자가 가져다 준 먹이를 보관하고 나누어서 잘 분배하고 관리하는 일과 집에서 아이를 양육하는 역할을 담당했을 것으로 본다. 결과적으로 남자는 사냥꾼이 그 원형이므로 공격적이고 경쟁적인 측면을 발달시켰으며 여성보다 우위에 선다는 주장이 성립된다.

사냥된 고기가 인간의 주식이었다는 것을 반박하고 나온 것이 채집 및 수집을 통한 생활이다. 채집과 수집 활동의 대부분은 여성들에 의해 이루어졌으므로 주도권도 당연히 여성이 가졌다는 주장이다. 도구의 사용으로 더 많은 식량을 얻을 수 있었고 삶에서 얻은 정보를 자식들과 나누기 시작한 것이 문화의 시작이었을 것으로 보는 모계 중심의 시각이다. 원시시대부터 부계 사회였나, 모권 중심 사회였나 하는 점은 생활 속에서 남녀의 우열을 가리는 데 중요한 쟁점이다. 남녀의 차이를 중점으로 보면, 채집에서 수렵 생활로의 전이가 어떠했든 사냥은 주로 남자들의 일이고 채집과 수집은 여자들의 일로 보는 데는 이견이 없다. 남녀가 다르게 담당했던 역할에 따라 두뇌의 진화도 다르게 일어나게 되어서 감각적 지각의 차이를 보이게 된다. 따라서 남자는 공간이나 지리에 밝고 좁고 멀리 보는 터널 시야를 가진 반면 여자는 넓은 주변 시야를 갖고 있으며 직관력이 뛰어나다고 알려져 있다. 호르몬과 두뇌 회로는 성에 따라 다르기 때문에 자궁 내에서부터 이미 남녀의 차이는 결정이 지어지며 태어난 곳의 주변 상황이나 어떤 가르침을 받기 전부터 근본적인 차이를 보인다.

2. 신경생리학적 이해

20세기 내내 남녀가 근본적으로 다른 이유가 있는가에 대한 논의가 행해져 왔고 21세기에 들어와서도 남자와 여자 사이에 보여지는 차이가 선천적인가 후천적인가 하는 데 대한 공방은 끝나지 않고 있다. 사회학자들은 한동안 남녀의 성별에 따른 차이가 아이가 태어나면서 다르게 다루어지고, 다르게 되도록 하는 가르침을 받음으로써 문화에 의해 학습된 차이를 보이는 것이라는 의견을 피력하기도 했다.[2] 그러나 1990년대에 들어 인간의 뇌에 대한 연구가 더 발달하면서 남녀의 차이는 사회적 관습에 의해 생겨나는 것이 아니라 생물학의 결정적 소산임이 증명되게 되었다.

2004년에 UCLA(University of California in LA), 미시간 대학교, 스탠포드 대학교 등 여러 학교가 참여한 가운데 14명의 신경과학자들이 연구한 결과에 따르면 남녀의 차이는 태내에서 성별이 정해지면서 이미 유전적으로 다르게 프로그램이 된다고 한다. 남아의 뇌는 Y염색체로, 여아의 뇌는 X염색체로 유전인자가 결정되어 남아와 여아의 뇌세포가 본질적으로 다르다는 것이다. 태아의 성별은 수태 후 6~8주 시점에서 결정이 되며, 이때 결정되는 성별에 따라 호르몬의 분비도 달라지게 된다. 그러므로 남녀간의 유별을 가르치는 어른들의 태도나 사회적인 경향은 태어날 때부터 남녀 사이에 존재하는 차이를 강화하는 작용을 한다고 볼 수 있다.

두뇌의 부분적인 발달에 있어서도 남녀간에 차이가 있기 때문에 여아와 남아의 감정 표현에 차이가 있게 된다. 남자 아이나 성인의 남자에게 그들의 느낌에 대해 표현하라고 요구하는 것은 보통 서로 연결이 잘 안 되고 있는 뇌의 두 부분을 갑자기 연결시키라고 지시하는 것과 같은 일이라고 한다. 여자들이 즉각적으로 표현하는 감정상의 일을 남자들은 일곱 시간이 걸려야 가능하다는 통계도 있다. 그러기에 경험상으로 구별되는 남녀의 차이는 문화나 연령과도 관계 없이 공통적인 측면이 있게 된다. 예를 들어 남자들은 여자에 비해 방향 감각이나 공간 지능이 좋은 반면 길을 잃었을 때 다른 사람에게 묻기를 꺼린다. 길을 묻지 않을 뿐 아니라 식품점에 가서도 묻는 것을 꺼리기 때문에 두부 대신 치즈를 사들고 오는 엉뚱한 행동을 할망정 묻지 않는 사람들은 바로 남자들이다.[3] 반면에 여자들은 평행 주차를 잘 못 하거나 주차한 곳을 잘 못 찾고 헤매는 경우가 허다하다. 그런가 하면 여자들은 자신들이 길을 잃었다고 믿을 때 지나가는 사람이나 가게에 들러 길을 묻는 것은 너무도 당연한 일이라고 여긴다.

여자들은 문제가 있거나 일이 잘 안 풀려 갈 때 말을 해야 속이 풀리기 때문에 수다를 떨면서 스트레스를 해소하는 반면, 남자들은 무슨 일인가를 하면서 행동으로 스트레스를 풀거나 문제를 잠시 잊고 다른 행동을 하는 경우가 많다. 남자들은 말을 하거나 듣기를 싫어하므로 말을 하자고 제안을 받거나 대화에 임해야 되는 경우 스트레스를 받는다.

남자들은 색깔을 잘 혼동하고 말의 속뜻을 잘 알지 못하는 때가 많다. 색맹과 관련한 남녀의 차이는 극명하다. 남자는 열두 명마다 한 명, 여자는 이백 명당 한 명 꼴로 나타난다고 한다.[4] 남자들은 무슨 말을 들을 때 문제 해결을 위한 답을 제시하는 경향이 있으므로 간단하고 직접적인 말을 선호한다. 설명이 길어지고 말을 장황하게 하는 경우 핵심을 파악하는 데 어려움을 느끼며 정신 없게 한다고 짜증을 내기도 한다. 말을 함에 있어서도 남자들은 말을 있는 그대로 듣는 반면에 여자들은 직접적인 말 뒤에 감추어진 뜻을 찾는 경향이 있다. 따라서 여자들이 쓰는 어휘는 간접적이고 되도록 돌려서 말을 하는 성향이 있고 남자들은 보다 직접적인 단어와 표현을 쓴다. 결과적으로 남자들은 여자들이 교묘하게 머리를 써서 말을 하기 때문에 자신들이 말려들어 간다고 믿게 되는 경우가 많다.

여자들이 간접적인 화법을 쓰는 이유에 대해서는 남녀간의 힘의 논리에 따른 설명과 관계성을 중시하는 여자들의 성향에 따른 이해가 있다. 남자들의 언어가 직접적이고 정확하며 때때로 공격적인 이유는 듣는 사람의 기분이 상할 수 있는 가능성에 대해 별 두려움이 없는 탓이라는 것이다. 역사적으로 남자들이 주도적인 역할을 해온 탓에 여자들은 남자들의 기분을 거슬리지 않는 부드럽고 은유적인 언어를 구사해 왔다는 이론이다.

그런가 하면 힘의 논리와는 상관 없이 관계나 상대방의 입장을 고려하는 여자들의 성향에 의해 언어의 사용이 결정되어졌다고 설명되기도 한다. 따라서 여자들은 남자들이 무심히 쓰는 어휘 때문에 불쾌감을 갖거나 사려가 부족하고 거친 사람으로 판단을 내릴 수도 있다.

말과 관련된 여자와 남자의 이러한 근본적인 차이 때문에 일상에서 서로를 오해하는 일이 많다. 여자들에게 남자들의 침묵은 침묵 이상의 의미이기 때문에 실망을 넘어 절망의 원인이 되기도 한다. 여자들이 쇼핑하는 것을 즐기는 것을 남자들이 이해하지 못하는 것과 마찬가지로 여자들은 남자들이 포르노 잡지를 좋아하는 것을 이해하지 못한다.

　남자들의 화제는 누가 무엇을 잘하고 무슨 일을 했다거나 기계가 어떻게 작동하는가 하는 식으로 일이나 사물과 관련된 것이 많은 반면에, 여자들의 화제는 누가 누구와 사귀고 어떤 때 기분이 나빴다거나 체중이나 스타일, 애인, 자녀 등과 같이 주로 사람과 관련된 것이라는 데 차이가 있다. 또한 은밀한 둘만의 시간에는 남자는 섹스를 원하고 여자는 사랑을 속삭이기를 원한다고 한다.

　이러한 차이를 접하게 되어 서로간에 이해가 안 될 때 남녀의 근본적인 차이에 대한 이해가 없이 한 개인의 특징으로 본다거나 무조건 대화로 풀려고 시도한다면 대화는 언성이 높아진 논쟁이나 말다툼으로 끝날 수밖에 없을 것이다. 여자는 서로 대화할 수 있는 한 그 결혼은 원만한 것이라고 믿는 반면에 남자는 매사를 서로 이야기해야만 한다면 그 결혼은 끝난 것이라고 본다.[5]

　대화에 있어서조차 근본적으로 다른 의견을 가진 남녀가 이런 차이를 간과한 채 서로를 향해 대화가 안 통하는 사람이라거나 피곤하게 하는 사람이라는 식으로 서로를 매도하는 결론을 내게 되는 것은 그야말로 비극이 아닐 수 없다. 무작정 대화를 하고 안 하고가 중요한 것이 아니고 대화에 앞서 이러저러한 남녀간의 차이를 아는 것이 더 중요하다고 하겠다.

3. 남아와 여아의 차이

성인 남녀간의 차이는 신생아 때부터 그 차이가 관측되고 있다. 자녀들을 이해하려고 할 때 성별에 따른 차이가 고려되지 않으면 마치 나이를 고려하지 않은 채 그들의 행동을 이해하려고 하는 것과 같다는 충고가 있다. 태어난 지 이삼 일이 지난 신생아의 경우, 여아는 남아보다 두 배 가까이 오랫동안 어른들과 눈을 맞추며, 사 개월 정도 지난 여아는 사진을 보고 친숙한 사람과 낯선 사람을 구별하는 반면 남아들은 반응을 보이지 않는다.[6] 미국에서 조기 취학 아동기인 삼사 세가 되면 여아가 학교 가기 전에 엄마와 작별하는 데 걸리는 시간은 같은 또래 남아의 세 배가 걸리며, 낯선 사람을 대함에 있어서도 여아들은 호기심과 우정어린 태도를 보이는 반면 남아들은 무관심하다고 나타나 있다.[7]

또 다른 예는 남자 아이들은 여자 아이에 비해 듣는 것에 민감하지 못한 점이다. 조산아들을 대상으로 발육을 돕기 위해 음악 치료(music therapy)를 실시한 결과 음악 치료를 받은 여아는 받지 않은 여아보다 열흘 가까이 일찍 퇴원할 수 있었던 반면에 남아들은 음악 치료를 받은 아이나 받지 않은 아이나 아무 차이가 없었다고 한다.[8] 주의력 결핍장애, 즉 ADD(Attention Deficit Disorder)로 판정받는 아이들은 압도적으로 남아들이 많은 것도 듣기와 관련된 남녀의 차이에서 비롯된다고 볼 수 있다. 주의력 결핍장애는 학교 선생님들에 의해서 진단되는 경우가 대부분이며, 특히 젊은 여선생과 남자 아이의 경우라면 ADD에 앞서 그 아이의 듣기 상태를 고려해 보도록 하는 것이 좋다. 자리를 앞자리로 옮겨 준다거나 그 아이와 선생님과의 관계를 물어보는 것도 아이가 주의력이 떨어지는 문제와 관련해서 어떤 힌트를 제공할 것이다. 소리의 강도와 관련해서도 여아들은 소리를 더 민감하게 들을 수 있기 때문에 똑같은 크기의 소리를 들었을 때도 남아들에 비해 그 소리를 열 배쯤 더 크게 듣는다고 한다. 보통으로 말했는데 소리를 질렀다는 비판을 하는 것은 여아나 성인 여자들인 경우가 대부분이다.

 남자 아이들에게 감정을 잘 표현하도록 하기 위해 그들이 자신들의 기분이나 느낌에 대해 말을 하도록 자주 기회를 주고 격려를 하는 것은 효과가 없는 일이다. 오히려 남자 아이들은 감정에 대해 질문을 받게 되면 황당해 하고 귀찮게 생각할 소지가 많다. 감정을 표현하라고 차분하게 지시하는 사람을 만나면 그 사람이 뭔가 잘못된 사람이라고 느끼는 게 남자 아이들이다. 이유는 감정과 관련된 뇌의 발달이 남자와 여자에게 각각 다르게 나타나기 때문이다. 또한 잘못한 일을 고쳐 주거나 나무랄 때에도 남자 아이들은 직언이나 맞대면해서 말을 하면 되지만, 여자 아이들은 간접적으로 지적하면서 격려하는 태도를 곁들이지 않고 단도직입적인 지적을 받게 되는 경우 심하게 상처를 받는다. 행동적인 측면에서도 여아들은 혼자 있을 때와 여러 다른 친구와 어울리고 있을 때 별 차이를 보이지 않는 반면, 남아들은 혼자서는 하지 못할 일도 여러 명이 어울리거나 그룹으로 만나게 되면 위험한 일도 서슴지 않고 할 수 있다.

　최근에 조사된 자료에 따르면 틴에이저들의 이성과의 관계도 전 세대와는 많이 다른 국면을 보이고 있다. 이성과의 로맨틱한 데이트가 줄어들고 그룹으로 어울려지는 파티에서 후크-업이라는 형태로 이루어지는 일시적인 관계를 통해 오랄섹스 및 성관계를 갖는다. 보통 파티의 장소는 누군가의 집이 되기 때문에 부모들은 자녀들이 누구와 어디서 모이는 파티인지를 점검해야 하고, 부모가 없는 집에 누구를 데려 오는지를 확인해야 한다. 자녀가 세 살 이상 차이 나는 사람들과 어울리는 것은 바람직하지 않다. 데이트와 같이 개인적인 인간 관계가 아니고 집단으로 어울리기 때문에 남자 아이들은 혼자서는 하지 않을 행동을 하게 되고, 공격적인 남아들에 대응하는 여자 아이들은 그 그룹에서의 인기도에 더 마음을 쓰게 되어서 원하지도 않는 성관계에 임하게 되는 것이다. 즉 남자 아이들은 섹스와 애정 관계는 별개이기 때문에 쉽게 성관계를 추구하는 반면, 여자 아이들은 인기 있는 남자 아이와 관계하는 것이 마치 트로피를 타는 일인 양 여겨져서 성관계를 갖기도 한다.

　미국에서의 통계로는 14세가 되기까지 다섯 명 중 하나 꼴로 성관계를 경험한다고 한다. 남자 아이들은 평균 16세에 동정을 잃는다고 조사되었다.[9] 보통 15세 이전에 성관계를 갖기 시작하는 십대들은 그렇지 않은 또래에 비해 흡연의 확률이 세 배 가량 높으며, 마리화나를 피우는 확률은 네 배 가량 높고 주당 한 번 이상의 횟수로 술을 마시는 확률도 여섯 배 가량 높은 것으로 나타나고 있다. 만약 십대의 자녀가 담배를 피우거나 술을 마신다면 그 밖의 활동을 의심해 볼 필요가 있다.

4. 남자가 가진 열등 의식의 배경

남자들의 경쟁 심리와 책임감은 한편으로 그들에게 매사에 자신들의 판단이나 행동이 옳고 가장 적절해야 한다는 허영과 부담감을 동시에 갖게 한다. 따라서 자신들이 가고 있는 길이 틀렸음을 인정하거나, 그러므로 도중에 누군가에게 도움을 청해서 길을 묻는다는 것은 이미 단순한 사건이 아니다. 자라면서 항상 씩씩하고 용감할 것을 권유받아 온 그들은 설사 소심하고 내성적인 천성을 가졌다 해도 여자들의 보호나 안내를 편안하게 받아들이지 못한다. 여자들이 별 뜻 없이 제시하는 이견이나 대안을 자기를 인정하지 않고 무시하는 데서 나온 것으로 간주하고 기분 나쁘게 여기는 것도 같은 연유에서이다. 남자들이 여자들로부터의 비판이나 제안을 있는 그대로 듣기보다는 근본적으로 자기들을 불신하고 무시하는 데서 나온 거라고 믿는 이유는 어디에 있을까?

남자가 여자들을 억압하고 군림하려는 특성을 남자의 페미니니티 콤플렉스(여성성 콤플렉스)로 보기도 한다. 페미니니티의 형성에 대해 프로이트는 여자의 남근 선망(penis envy)과 어머니와 딸 사이의 경쟁 관계에 초점을 맞추어 이론을 발전시켰다. 이에 반대해서 캐롤 길리건이나 낸시 쵸도로우는 보다 협력적인 인간 관계와 서로 연결된 가운데 성장하는 여성들의 측면을 강조한다. 딸들은 어머니들과 지속적인 관계를 유지함으로써 어머니들은 딸들을 자신과 닮은 자신들의 연장으로 경험하는 경향이 있으며 딸들은 이러한 어머니들의 이해를 바탕으로 자라게 된다. 쵸도로우는 여자 아이들은 자신들의 감정이나 다른 사람의 필요를 감지하는 능력을 가지게 된다고 보았다. 또한, 독립적이 되는 과정이나 관계상의 경험들이 여성들을 남성보다 연약한 자아를 가진 걸로 주장할 아무런 근거를 제공하지 못한다고 주장한다.

    카렌 호니는 프로이트가 여자들에게 있다고 보는 남근 선망에 의한 여자의 열등감과 비견할 만한 남자들에게 있는 선망을 지적한다. 카렌호니는 이것을 남성에게 있는 페미니니티 콤플렉스라고 한다. 남자 아이들은 모성에서 보여지는 임신, 출산, 모유 및 젖가슴에 대한 강력한 선망을 가지고 있다. 여자들이 가진 육체적 우월성이 부인할 수 없도록 너무 강하게 드러나기 때문에 그들 자신의 이런 의식을 억압하고 여자를 경시해야 할 필요를 느끼게 된다. 따라서 여자가 가진 가치를 부정함과 동시에 여자들이 열등하다는 확신을 발전시키게 된다는 것이다. 남자들은 또한 여자들처럼 생명을 생산할 수 없는 자신들의 무능을 보상하기 위해 위대하고 창조적인 생산에 더 주력하게 된다. 남자들은 세상에서 무엇이든 성취해 낼 수 있는 기회가 더 많이 주어져 있기 때문에 남성이 가진 페미니니티 콤플렉스가 잘 드러나지 않는다고 한다.

5. 여자의 열등성에 대한 프로이트의 학설

심리분석학의 창시자인 프로이트의 학설은 가부장제에서 보여지는 남성 우월주의을 지지하고 있다. 잉태되었을 때 결함이 있게 되면 남성이 아닌 여성으로 태어난다고 주장한 아리스토텔레스와 마찬가지로 프로이트도 남성의 몸을 인간의 표준으로 보기 때문에 여성의 성적 발달은 '상처 입은 남성'과 같다고 본다. 여성은 있어야 할 남성의 성기가 없는 결함을 가진 존재여서 심리적으로 도덕심의 발달에도 결함을 보인다는 주장이다. 프로이트에 의하면 초자아나 양심은 남성들의 거세에 대한 불안을 극복하는 과정에서 발달되는 것이므로 여성은 거세 불안이 없기 때문에 초자아의 발전이 미약하게 된다고 믿었다. 프로이트는 나아가 초자아는 사회적 문화적 발달에 관여하는 인간 내면의 장치여서 자연히 여성들은 이에 대한 자각이 적을 뿐 아니라 문화 발달에 있어 적대적인 존재이기까지 하다. 그렇기 때문에 여성들은 섹스가 유지되고 자손의 출산이 이어지는 가정을 문화보다 우위에 둔다. 또한 초자아의 미미한 발달로 여자들은 우호적이거나 적대적인 자신들의 감정에 근거해서 판단을 하기 때문에 남자들에 비해 정의감이 적다.

프로이트는 소년소녀가 남성성(masculinity)과 여성성(femininity)의 특징을 갖게 되는 근거는 오이디푸스 콤플렉스, 거세 불안(castration anxiety), 아버지에 대한 콤플렉스라고 본다. 사춘기의 여자 아이들은 남성적인 성에서 여성적인 성을 갖춘 성년기로 발전해 갈 때 강력한 억압을 경험하게 되는데 그녀들의 거세된 여건을 인정하고 받아들임으로써 열등감에 대한 자각이 생긴다는 것이다. 여자들은 페니스가 거세된 존재인 것을 자각함으로써 세 가지의 형태로 나아가게 되는데 하나는 성에 대한 장애 또는 신경증을 갖는 것이고, 둘째는 마스큘리니티(masculinity) 콤플렉스(남성성 콤플렉스)이며, 셋째는 정상적인 여성성의 발전이다. 프로이트에게 있어 정상적인 여성성의 특징인 수줍음이나 애교는 결국 결핍된 성기를 감추거나 근본적인 성적 열등감을 보상하기 위한 것이다.

6. 남녀에 있어서의 이상형의 인간

남자가 가진 공격성은 선천적인 것으로 대부분의 남자에게 있어 인생에서 중요한 일은 권력과 성취 그리고 섹스 등이 우선적이라고 나타나고 있다. 따라서 남자가 보는 이상적인 인간은 과감하고 경쟁적이며 일을 처리하는 능력이 뛰어나고 지배적인 형으로서 남으로부터 존경을 받는 인간이다. 남자에게 있어서 위신을 지키는 일은 대단히 중요한 일로 이를 위해 권력이 추구되고 물질적인 자원이 필요하게 되는 것이다.

여자는 의사 소통이 원활하게 이루어질 때 친밀감을 느낀다. 또한 상대방의 생각과 마음을 귀로 들어야만 정서적 안정과 사랑을 느낀다. 대부분의 여자에게 있어 인생에서 가장 중요한 일은 다른 사람과의 좋은 관계이며 생활상의 안정과 사랑이다. 따라서 여자가 보는 이상형의 인간은 매력이 있고 관대하며 따뜻한 인간미가 있으며 사랑이 많은 인간이면서도 한편으로는 능력 있는 승자(勝者)형의 인간이다.

간단히 살펴본 대로 사람은 누구나 각자가 선호하고 이상적으로 생각하는 인간에 대한 기준이 있기 마련이지만 남자와 여자라는 이유만으로 각각 공통적으로 갖고 있는 판단의 근거가 다르다. 남자들이 사사건건 경쟁적이고 상대를 이기려고 하는 태도를 보이는 것이 사실은 매사를 자신들의 능력과 연결시키는 경향 때문이라고 이해하게 되면 단순히 한 개인의 유치함으로 보는 오해를 줄일 수 있을 것이다. 같은 이유에서, 남자들은 자신의 잘못을 시인하거나 미안하다는 사과의 말을 하는 것을 매우 꺼린다. 스스로 미안하다고 느끼는 경우, 남자들은 슬며시 자리를 뜨거나 침묵을 지키거나 며칠 후에 터무니없이 비싼 선물을 하기도 한다. 남자는 뭔가를 해 주는 것이 감정을 표현하는 방법이라고 여기기 때문이다. 심한 말 다툼이나 부부 싸움 끝에 육체적인 관계를 시도하거나 부부 관계를 원하는 쪽은 으례히 남자다. 남자의 입장에서는 그것이 분쟁에 대한 미안함이나 화해 또는 사랑의 표현인 것이다. 남자들은 어떤 감정을 느낄 때 신체적으로나 행동을 통해서 표현하기 때문이다.[10]

여자의 입장에서는 이런 일련의 행위가 이해가 안 될 뿐만 아니라 상대방이 동물적이고 저질로 보이는 것은 물론 자신이 이용당한다는 느낌 때문에 절망감이 들 수도 있다. 여자들은 친밀한 관계를 원하고 칭찬과 애정의 말을 통해 마음의 안정을 느끼기 때문에 다정한 대화를 통한 감정의 나눔이나 미래에 대한 약속을 들을 때 정서적 충만을 느끼며 상대방과의 보다 친밀한 접촉을 원하게 된다. 그러므로 여자들은 외모가 매력적이지 않아도 사려가 깊고 다정한 말을 하는 남자를 매력 있다고 여긴다.

남자들은 스스로 어색해 하거나 자신 없는 상황에 처한 경우 아는 듯 모르는 듯 유머스럽고 재치 있게 넘어가 주는 여자를 좋아한다. 매사에 자로 잰 듯 정확하고 외수 없이 경우를 가리는 진지한 여자는 누구에게나 신망을 받을 만한 사람이지만 남자에게 있어서는 기가 질리게 하는 상대일 수 있다.

노만 메일러(Norman Mailer)는 남성이 된다는 것은 평생에 걸친 끝없는 전투에 임하는 것이라고 했다.[11] 남자들이 경쟁 심리와 책임감 때문에 매사에 자신들의 판단이나 행동이 옳고 적절해야 한다는 허영과 부담감에서 벗어나려면 위에서와 같은 남자와 여자의 차이를 이해하는 것이 도움이 될 것이다. 여자가 원하는 이상형의 인간은 능력 이전에 따뜻한 감성의 소유자라는 사실을 인지하게 되면 가정이나 사회에서의 처신에 변화가 일어날 것이다. 마찬가지로 여자들도 별 뜻 없이 제시하는 이견이나 대안에 대해 자신을 무시하는 처사로 간주하고 화를 내거나 기분 나쁘게 생각하는 남자들을 속 좁은 인간으로 몰아붙이기에 앞서 그들이 가진 이상형의 인간상을 이해하는 것이 중요하다. 남자들과 대화를 할 때는 되도록 상대방을 인정하는 표현을 통해 의사 전달이 효과적으로 되게 하는 것이 중요하다 하겠다.

남자들은 문제에 대한 해결책이 되었든 섹스 행위가 되었든 자신이 제공하는 것에 만족함을 보이는 여자를 원한다. 남녀가 이해와 표현상에 있어 차이를 보이는 것은 사실이다. 그러나 남녀 공히 다른 사람에 의해 인정받고 원해진다고 느낄 때 자신이 가치 있는 존재라는 확신을 갖게 되며, 결과적으로 안정되고 행복한 관계를 유지하게 되는 것이다.

7. 올바른 성별 이해를 통한 관계 개선의 방향

성별에 따른 특성과 차이를 이해하는 것은 인간관계의 개선을 위한 필수적 과정이다. 인간 관계의 어려움은 다양한 차원에 걸쳐 있다. 가정 내에서는 부부간과 부모와 자녀 간의 관계가 가장 큰 관심사가 되겠고 사회에 나가서는 지위나 위치, 연령과 이해 관계에 따른 복잡한 이유들이 섞이어 관계에 어려움이 더해지기도 한다. 좋은 의도로 한 말이 어처구니없는 상처를 만들기도 하고 애정을 갖고 있는 관계가 사소로운 오해 때문에 걷잡을 수 없이 깊은 골을 만들며 애증의 관계로 변하기도 한다. 문제는 서로에게 가 닿는 표현 방법의 차이 때문일 수 있고, 애시당초 상대방이 가진 차이점을 간과하거나 무시하는 태도 때문에 서로의 의도는 물론 인간성까지 의심하게 되는 상황에서 비롯된 것일 수 있다. 개개인의 차이 이전에 남자와 여자라는 성별적 차이가 있음을 이해하는 것은 다른 사람을 이해하는 데 기본적인 일이면서 매사를 순조롭게 풀어 가는 데 있어 무엇보다도 중요하게 선행되어져야 할 과정이다. 고상돈 산악인이 남긴, 산은 정복되는 것이 아니라 올라가도록 허락되는 것이라는 말은 모든 인간 관계를 고려할 때도 중요한 명제라고 생각된다. 다른 사람과의 관계는 그 사람을 이해하려는 마음이 전달되고 서로를 이해한다고 믿기 전에는 결코 긍정적이고, 서로를 나누는 관계가 될 수 없기 때문이다. 또한 스스로 마음을 열게 하는 대신 이를 요구하고 강요하는 관계는 건강한 관계일 수 없다.

　자녀와의 관계에 있어서도 심하게 골이 패이고 증오에까지 이르는 불화는 대부분의 경우, 특히 서로의 성별이 다를 때는 사소로운 데서 오는 오해로 인한 경우가 많다. 즉 어머니와 아들, 딸과 아버지 사이의 많은 갈등은 서로를 이해하지 못하는 데서 오는 불신과 원망이 주범이다. 반면에 같은 성의 경우, 즉 어머니와 딸, 아버지와 아들은 서로의 기대를 어긋나게 하는 데서 오는 불만과 실망이 더 큰 원인이 된다는 점에서 기본적인 차이가 있다. 따라서 부모와 자식 간에 무조건적으로 대화를 시도하기보다는 성별에 따른 서로 간의 차이점을 염두에 두고 서로를 이해하는 가운데 문제를 고려해 보는 것이 중요한 출발점이 됨을 이해할 수 있어야 하겠다. 어머니가 십대의 아들에게 기회를 마련해 주고 격려해 가면서 그가 가진 감정이나 느낌을 표현하라고 한들 효과가 있을 리 없다. 십대의 아들은 아마도 이해할 수 없다는 말투로 왜 그렇게 성가시게 하고 잔소리를 하느냐고 도리어 짜증을 낼 것이다. 또 십대의 딸아이는 미안하다는 말을 해야 할 상황에서 비싼 옷을 사주거나 많은 돈을 주는 아버지를 이해하지 못할 뿐더러 그의 행동을 정당하게 받아들이지도 않을 것이다.

　비근한 예로, 밤에 늦게까지 밖에서 돌아다닌다는 이유로 주먹다짐까지 할 정도로 심하게 언쟁을 한 십대의 소녀는 아버지에 대한 극도의 혐오감을 갖고 있었다. 그녀는 그녀의 아버지가 최근에 받은 건강진단에서 암이라도 발견되었으면 하고 바랬는데 아니어서 실망했다는 말을 서슴없이 했다. 지속적인 상담을 통해 포착된 그녀가 가진 혐오감의 뿌리는 놀랍게도 두 사람 사이의 언쟁이나 다툼 자체에 있는 것이 아니었다. 그녀의 말에 의하면, 명백하게 잘못을 한 경우에도 그녀의 아버지는 누구에게도 절대로 미안하다거나 사과를 하는 법이 없다고 했다. 대신 그는 비싼 선물을 사주거나 가족들을 데리고 나가 돈을 많이 들여서 특별한 시간을 갖거나 한다고 했다. 그런 상황에서는 대우를 받거나 선물을 받은 사람이 오히려 미안해지고 심지어는 고맙다는 말까지 해야 하게 되므로 천부당 만부당한 상황이라고 하며 분노를 터뜨렸다. 부당한 상황이 반복되고 그때마다 끓는 심정을 누르며 억지로 고마워해야 하는 심적 부담이 그녀가 아버지를 향해 가진 분노와 적개심의 근거였다.

부부간에 있어서도 서로를 인간적으로 불신하고 절망하는 근저에는 남녀간의 차이를 이해하지 못하는 상태에서 상대방에게서 보여지는 이해할 수 없는 점을 그 사람이 가진 단점이라고 단정하는 데 있다. 남자와 여자의 차이에 대해 듣고 난 한 남자분이 한탄을 했다. 그 내용인즉, 무슨 이유로 하나님은 남자와 여자를 그토록 다르게 창조했으며, 왜 학교에서는 살아가는 데 그렇게 중요한 것을 가르치는 과목이 없는가였다. 사람의 정신 건강에 가장 중요한 요소는 양질(良質)의 인간 관계임을 고려할 때 인간 관계에 대해 가르치고 자신감을 갖도록 하기 위한 어떤 제도적인 훈련 과정이 없다는 것은 교육 제도의 모순이기도 하다. 남자와 여자의 차이는 숟가락과 젓가락 혹은 칼과 가위 같은 차이라는 생각이 든다. 각자의 필요와 수요가 경우마다 다르면서도 다같이 유용한 관계를 이루기 때문이다. 누가 더 강하고 약하고 우세하고 열등하냐는 차원이 아니라 각각의 필요를 담당하고 보완하는 관계가 될 수 있음을 이해하는 것이 중요하다고 하겠다.

남녀가 다르게 만들어졌음에도 불구하고 성공적인 인간 관계에 요구되는 범세계적인 요소가 있다. 즉 서로를 존중하는 것, 서로가 안정감을 느낄 수 있도록 보호해 주는 것, 사랑하고 원하는 대상임을 알게 하는 것, 그리고 각자가 원하는 바를 할 수 있도록 해주는 것이다. 이것은 서로를 경청해 주고 신뢰하며 존중하는 관계일 때 가능한 일이다.

둘. 남녀의 차이를 고려한 성의 이해

남녀에게 공히 건강하고 아름다운 성생활은 매사에 자신감과 즐거움을 갖고 살게 한다. 성은 가장 강력하게 자신의 이미지를 새롭게 가지게 하는 창구가 되기 때문이다. 지속적이고 건강한 성관계는 이에 대한 끊임없는 관심과 노력이 필요하다.

둘. 남녀의 차이를 고려한 성의 이해

"대부분의 사람들이 성(性)을 오용하거나 남용하고 삶이 지치고 지겨워질 때 이를 자극하기 위한 방편으로 삼는 잘못을 저지르고 있다. 삶의 가장 최정점에서 자신들을 합하는 방법으로써가 아니고 오히려 무언가로부터 회피하기 위한 방편으로 성이 이용되고 있다는 것이다."

— 라이너 마리아 릴케

1. 남녀 평등이 주는 성에 대한 이해와 오해

여성이 남성보다 열등한 존재라는 사상은 그리스 문화의 유산이다. 서양 철학의 근간이 된 그리스의 철학에서 소크라테스를 비롯한 아테네의 모든 철학자들이 한결같이 여성의 열등성을 주장했다. 결국 그들이 설파한 다른 철학적 사고가 영향을 미치는 데마다 그들의 여성관이 함께 전파되어, 마치 증명된 명제인 양 믿게 만든 유산을 남긴 것이다. 소크라테스는 여성은 인간과 동물의 중간적 존재로 여성으로 태어나는 것 자체가 신의 벌이라고 믿었다.[1] 그러나 한편으로 소크라테스는 여자가 남자보다 약할지라도 남자와 동등하게 교육과 훈련을 함으로써 일과 의무를 다하는 데 남녀 차별을 둘 필요가 없다고 가르쳤다.[2] 플라톤도 소크라테스를 이어 여성도 남성과 같이 교육을 받으면 남성이 하는 역할을 공유할 수 있다고 피력했다. 그러나 아리스토텔레스는 이를 반대하고, 여성은 인류를 잇기 위해 존재는 것으로 상태가 올바를 때는 남자 아이를 생산하나 조건이 나쁠 때는 결함이 있는 남자, 즉 여자 아이를 낳게 된다고 결론지었다.[3] 아리스토텔레스는 남자가 명령하면 여자는 복종하는 것이 올바른 것으로 남편과 아내의 관계를 영혼과 육체의 관계로 비유했다. 즉 영혼이 몸의 욕망이나 충동에 의해 지배되어서는 안 되는 것처럼 아내가 남편을 다스려서는 안 된다는 것이다. 아리스토텔레스는 남편과 아내 사이의 평등은 항상 해로

울 수밖에 없다고 경고하였다.[4]

　아리스토텔레스 이후에 제노에 의해 발전된 스토아 철학은 진리와 보다 높은 인생의 목적을 추구하기 위해 금욕과 독신주의를 옹호하였다. 스토아 철학자들에게 있어서 여성은 남성을 현혹시키고 혼돈시키는 존재일 뿐이었다. 아테네에 비해 남편과 아내의 관계가 비교적 평등했던 로마인들은 그리스의 영향을 받게 되면서 차츰 여자들을 남자들을 현혹하는 대상으로 보게 되었다.

　한국의 여성 운동은 1960년대부터 시작된 미국의 여성 운동의 강한 영향 하에 발전해 왔다. 가부장제에서 비롯된 여성들의 종속된 위치에 대한 비판이 중점이 된 여성 운동은 자연히 여성들에 대한 전통적 덕목과 이상형에 대해서도 회의하게 만들었다. 여성 운동권자들의 사명은 수천 년간 존속되어 온 남성 우월론에 입각한 성적 차별을 없애고 남녀 평등을 회복하는 데 있었다. 이러한 과정에서 법적으로나 제도적으로 남녀가 평등한 것과 생체학적인 특징까지도 포함해서 남녀가 조금도 차이가 없이 동등하다고 보는 관점이 섞이는 혼동이 생겨나게 되었다. 인간으로서 누려야 할 권리나 법적인 보호와 개인의 책임과 의무에 있어서는 남녀가 평등하다. 그러나 신체적인 여건을 비롯하여 남자와 여자는 사고하는 방식이나 느낌, 표현 그리고 행동 양식에 있어 현격한 차이를 보이는 것이 사실이다. 남녀 평등의 문제는 지위와 권리에 따른 정치적 도덕적 문제이며, 남녀 사이의 신경생리학적인 차이를 무시하고 매사가 똑같다고 보는 동등 의식과는 구별되어져야 한다. 남녀는 같은 인간으로서 다같이 사고 능력을 지니고 있고, 의미를 추구하는 존재로서 동등하다. 그러나 남녀 모두 같은 종류의 성정을 가졌으면서도 느낌의 정도와 감정 표현, 의사 전달과 이해에 있어 현격한 차이를 보이는 것이 사실이다. 이를 성별의 차이와는 무관하게 단순한 개인적 차이라고 치부하면 불필요한 오해와 실망이 생겨날 수밖에 없다. 남성과 여성이 다르다고 하는 점이 곧 누가 더 우월하고 열등함을 뜻하는 것은 아니다. 현실적으로, 남녀의 본질적인 차이에 대한 적절한 이해 없이는 조화로운 남녀 관계를 생각할 수 없다.

2. 성에 대한 종교적 오해와 이해

섹스가 동서고금을 막론하고 인간사의 주제인 것은 만인이 주지하는 사실이다. 섹스에 관한 이해에 있어 종교마다 다소간의 차이는 있어도 종교적 이해의 대부분이 성을 극복해야 할 과제의 대상으로 간주하고 있음을 알 수 있다. 각 종교마다 내적으로 섹스를 멀리하고 위험시하는 그룹과 이를 긍정적으로 보고 장려하는 그룹이 있다고 보여진다.

불교에서 지향하는 바는 매사의 집착으로부터 벗어나는 것이므로 육체적 욕망을 떨치고 금욕 생활을 해야 한다는 게 일반적 이해이다. 그러나 불교에도 결혼하는 승려를 인정하는 교파가 있고, 탄트라 불교에서는 성적인 관계를 갖는 것은 곧 신과 연합하는 길이라고 가르친다.

도교에서는 섹스를 건강과 조화시켜야 하는 것으로 보고 있다. 사랑의 기술과 관련한 도교의 원리는 성적 에너지인 음과 양을 연합시켜서 성적 에너지를 가꾸는 것에 삶의 목적을 두고 있다. 성적 에너지는 성관계를 가질 때 발생하며 오르가즘을 통해 상대방에게 전달되는 것이므로 음양의 교환을 통해 활기가 생기고 완전한 조화를 이루며, 이는 곧 장수하는 삶과 직결된다고 보는 것이다.

힌두교에서 세속적인 것을 멀리할 것을 주장하는 파에서는 금욕을 강조하고 요가 등을 통해 수행하는 것을 강조한 반면, 섹스를 신성시하는 그룹에서는 남녀의 성기를 숭배하고 성전에 남녀의 성교 장면을 새겨서 이를 예찬하였다. 북인도에 있는 카주라호의 에로틱한 사원은 널리 알려져 있으며, 고대 인도의 성생활의 경전인 카마수트라를 수용하고 있다. 카마수트라는 성적 쾌락에 대해 가르칠 뿐 아니라 이와 관련한 정신적인 측면을 강조한 성에 대한 일종의 경전이다.

여러 종교 중에서 현대 한국인의 성생활에 가장 큰 영향과 지침을 마련해 준 것은 기독교라 할 수 있다. 그리스 철학의 이원론에서 영향을 받은 기독교는 몸과 정신을 질이 다른 체재로 보아 왔다. 몸에 관련된 것은 물질적인 것이고 악이며, 따라서 섹스는 죄와 직접적으로 관련된 것이었다. 기독교 초기 500여 년간을 교부 시대라 부르는데 나사의 그레고리를 비롯하여, 앰브로스, 성 오거스틴, 제롬, 터툴리안 등이 대표적인 교부 신학자들이다. 교부 신학자들은 공통적으로 이브의 원죄설에 근거해서 인간의 타락을 지적했는데, 터툴리안은 성교를 통해 아담과 이브의 원죄가 다음 세대로 옮겨가게 된다고 보았다. 즉 성적인 관계가 죄를 전하는 통로가 된다는 것이다. 성 오거스틴은 원죄로부터 말미암은 악의 결과 중 하나가 성적 욕망이라고 믿었다. 오거스틴과 함께 중세기의 토마스 아퀴나스도 섹스는 오직 결혼한 상태에서 자녀 출산을 목적으로 행해질 때만 정당화되어질 수 있다고 주장했다.

기독교적 관점에서 본 성은 자손을 잇기 위해서만 필요한 일종의 필요악이었으며, 성적인 매력을 드러내는 여자는 지옥으로 향하는 문이라고 묘사되기도 하였다. 그리스의 스토아 철학에서 미덕으로 권해졌던 독신 생활이 기독교에서도 자연스레 받아들여지기 시작해서 4세기 말경부터는 성직자의 결혼을 금지하는 제도가 생겨났고, 11세기에 이르러서는 완전히 법으로 굳혀지게 되었다. 중세기에 이르러 카톨릭 교회는 성생활에 대한 규제를 강화했다. 일주일 중 일요일, 수요일, 금요일은 성생활을 금했고, 그 외에도 부활주일 전 사십 일과 크리스마스 전 사십 일은 금욕이 요구되었다. 여자들의 경우, 임신 후부터 출산 후 사십 일까지는 성행위 금지 기간이었다. 중세 기독교의 최대 마귀는 음란 마귀였는데 항간에 남자 마귀가 잠자는 여자와 성교하고 여자 마귀가 잠자는 남자와 성교해서 음란 마귀를 만든다는 믿음이 팽배한 때도 있었다. 음란 마귀를 처형한다는 명목으로 중세기에 카톨릭 교회에서 성 문제와 관련해서 처형한 사람의 숫자는 2천만을 웃돌았던 것으로 알려져 있다.

　실제로 상담을 하면서 음란 마귀를 지칭하는 기독교인들을 많이 보아 왔다. 섹스를 원하는 배우자를 음란 마귀가 들린 사람으로 서슴없이 매도하는 근거는 성에 대한 잘못된 종교적 이해이다. 결혼생활에 문제가 있는 부부치고 성생활이 만족한 부부는 거의 없다. 무엇인가를 비난하는 것은 문제를 쉽게 회피하는 방법이다.

　기독교에서 보이는 성에 대한 회피와 금지 및 죄의식은 그리스의 스토아 철학(B.C.300~A.D.250)에 근거한 것이다. 성서의 모태인 유대교의 전통이나 구약성서 어디에도 성을 죄악시한 증거는 없다. 오히려 성은 하느님이 남녀를 창조하실 때부터 인정된 것으로 해석된다. 유대교의 여러 랍비들이 에로틱한 성을 묘사한 구약성서의 솔로몬의 아가서를 가장 성스러운 책으로 꼽고 있다.[5] 구약성서에 의하면 새로 장가 든 신랑은 성생활의 책임을 다하기 위해서 군 복무도 일 년간은 면제가 되었다. 유대교에서는 아내를 성적으로 만족시키는 것은 모든 남편들의 의무였다. 종교적인 교과서에서 남편은 아내를 위해 최소한의 성교 횟수를 지키라고 권유한다.

또한, 아무 이유 없이 성관계를 거부하는 아내는 이혼의 사유로 인정되었다. 종교 지도자들도 결혼을 하고 적극적인 성생활을 하도록 했다. 모든 노동이 철저히 금지되는 안식일에도 성교는 하나님이 원하는 일이므로 하라고 격려하는 사항이다. 유대인의 전통에서 성교는 종교적인 의무임과 동시에 기쁨과 쾌락과 관련한 하나님의 축복으로 받아들여졌다.

1517년 종교개혁을 시도한 마르틴 루터는 그 자신 성직자로서 42세 때 수녀였던 27세의 캐더린 본 보라와 결혼했을 뿐만 아니라 사람들에게 재혼을 권유하기도 했다. 루터는 성직자의 독신 생활이 신앙 생활을 위해 필수적이라는 사상을 거부했고 결혼 제도 역시 신성한 계약이라는 개념을 물리쳤다.

예수가 가르친 성은 간음하다 붙잡혀 온 여인을 통한 예수의 가르침이 좋은 예다. 예수는 성 자체가 죄악인 것이 아니고 죄의 뿌리가 어디에 있는가를 지적함으로써 올바른 가치를 추구할 것을 가르치고 있다.

결국, 예수 이후 400여 년에 걸쳐 성에 대해 긍정적인 유태인의 관점이 성을 부정적으로 보는 그리스 철학, 특히 스토아 사상과 영지주의의 영향으로 변모해 가기 시작했음을 알 수 있다. 한 걸음 더 나아가 앞에서 말한 교부 철학자들에 의해 처녀성 및 성적인 순결이 기독교의 최대 미덕으로 강조되게 된 것이다.

섹스를 인간이 다른 인간과 나누는 가장 친밀한 행위로 볼 때 성적 쾌락은 하느님이 인간에게 부여한 축복이다. 유대교의 히브리 성경(구약)이나 기독교의 성경책에는 카톨릭 교회에서 죄악시하는 자위 행위, 불임, 인공 수정 등을 죄로 단정한 성경 구절은 없다. 자위 행위는 자기 자신을 사랑하는 것은 죄라는 해석과 중세 기독교의 성 기피증에 의해 금기시되어 온 것으로 볼 수 있다.

3. 성에 있어서의 남녀의 차이

섹스에 관한 한 여자는 이유가 있어야 하고 남자는 장소만 있으면 된다고 하는 말이 있다. 이는 남녀간의 섹스에 대한 관점의 극명한 차이를 지적한 말이다. 대부분의 여자에게 있어서 섹스는 사랑하는 일(making love)과 동의어임에 비해 남자는 사랑과 섹스를 구분해서 별개로 보는 때가 있다. 여자가 섹스를 통해 원하는 것은 사랑과 로맨스이나 남자가 원하는 것은 표현되지 못한 감정적 긴장을 포함하는 축적된 긴장감의 해소이다. 믹논 맥로린(Mignon McLaughlin)이라는 작가는 사랑이라는 미묘한 감정을 느낄 때 여자는 함께 이야기하고 싶어 하지만 남자는 침대로 가기를 원한다고 말했다. 남자에게 있어 섹스는 육체적인 접촉을 통해 가까운 사이임을 확인하는 중요한 수단이며, 때론 말로 표현하기 난감한 감정들 즉 애정·죄책감·화해·수치심·화·불안 등 채 표현하지 못한 감정으로 인해 생긴 에너지를 방출해내는 통로이기도 하다.

　남자는 자신의 존재를 확인하고 인정받고 안정을 찾는 몸짓으로 섹스를 구한다. 섹스는 남자에게 있어 또 하나의 언어이고 무언의 표현 수단이며, 여러 의미를 한꺼번에 전달하는 다중 의사 소통의 매체인 셈이다. 남자들은 눈에 보여지는 여성의 나신이나 가는 발목, 섹시한 모습에서 즉흥적으로 성적 흥분을 느낀다.[6] 거의 모든 종류의 포르노 잡지들이나 수영복 입은 모델들의 사진을 게재한 스포츠 잡지의 독자는 남자들이지 여자들이 아니다. 란제리 산업과 관련된 연구 결과에 따르면 에로틱한 란제리를 입는 여자들의 남편 외도율이 파자마식 잠옷을 입는 여자들의 남편 외도율에 비해 현저히 낮았다고 한다.

　여자는 의사 소통이 되어질 때 친밀감을 느끼고 상대방의 생각과 마음을 귀로 들어야만 정서적 안정과 사랑을 느낀다. 여자의 성적 흥분이 청각과 관련성이 있다고 말해지는 근거가 이 점에 있다. 여자는 칭찬과 애정의 말을 통해 마음의 안정을 느끼게 되며, 섹스를 목적으로 하지 않는 적절한 애무와 포옹, 키스 등의 과정을 통해 섹스를 향한 무드를 갖게 된다. 여자가 섹스를 통해 기대하는 것은 보다 친밀한 관계이며 정서적인 유대감이다. 따라서 여자가 섹시하다고 느끼는 남자는 눈으로 보기에 섹시한 대상이기보다는 다감하거나 진지한 정서적 충만을 주는 남자라고 할 수 있다. 다정한 속삭임을 통해 가까운 미래에 대한 약속이나 둘이 함께하는 시간에 대한 구체적인 계획과 기대를 말해 주는 남자들은 쉽게 여자들의 마음을 사로잡을 수 있다. 남자의 선물이나 배려 있고 사려 깊은 전화 메시지 등은 여자에게 섹스의 전희와도 같은 흥분을 일으킨다.

여자들은 관계 속에서 어느 정도의 긴장이 채워지기를 원하므로 성관계를 가질 때에도 전희와 후희의 필요성이 크다. 기교적이고 오르가즘을 목적으로 하는 섹스보다 정서적 충만감과 사랑을 느끼게 하는 섹스가 여자를 행복하게 하고 안주하게 한다. 비아그라를 이용해서 아무리 격정적이고 기교를 부리는 성관계를 가진다고 해도 상대를 배려하고 진심으로 아끼는 마음이 없다면 공허하고 기계적인 관계에 그치고 말 것이다. 비아그라를 환영하는 여자가 많다고 여기는 사람은 현실을 잘 모르는 사람이다. 십 년 넘게 결혼생활을 하고 있는 많은 아내들이 비아그라는커녕 남편들의 보약을 지으면서 정력을 약화시키는 약제를 첨가하길 원한다는 걸 알면 놀라는 사람이 많을 것이다.

남녀간의 성생활에 있어서 남녀의 역할에 차이가 있는 만큼 그에 수반되는 여건이나 스트레스도 다르게 나타난다. 남자들이 생각하는 성관계는 먼저 남자의 발기가 전제되어야 하고 어느 시간만큼 발기 상태가 지속되어야 하며 상대방을 만족시키거나 적어도 정복해야 한다는 식의 강박관념 때문에 일종의 시험이며 실패의 가능성이 항상 있는 전투적 성격을 띠게 된다. 반면 여자는 성관계를 위해서 드러나게 준비할 조건은 없다. 단지 관계에 적극적으로 임하는가 소극적으로 대응하는가와 관련한 의지적인 선택의 차이가 있을 뿐이다. 따라서 남자들은 성관계에 있어서도 실패의 확률이 있는 게임을 하는 것이며, 이에 따른 스트레스나 감정적인 긴장 혹은 지나친 두려움 등은 발기 부진이나 조루 혹은 지루성 성향으로 나타나게 된다.

여자들은 성에 대한 선입견이나 불편한 감정, 혹은 지나친 자의식에 의한 행동의 조절 등으로 불감증을 경험하는 경우가 있다. 일반적으로 성을 경험한 40%~60%의 여성이 불감증을 경험하는 것으로 나타나고 있다. 상대방의 감정을 존중하지 않고 자신의 능력 발휘에만 신경을 쓰는 남자들은 결과적으로 불감증의 원인을 제공한다. 또한 잠자리에서 무심히 던진 핀잔 한 마디가 남자에게 치명적인 상처를 주고, 결국은 돌이킬 수 없는 관계가 되기도 한다는 걸 모르는 여자들이 너무도 많다. 성적 불만이 있거나 성문제와 관련해서 여자로부터 모욕이나 멸시를 받은 남자들은 일상에서 화를 더 많이 내게 되며, 상대방 여자를 무시하고 미워하는 행동을 하게 된다. 이와 같은 예는 남녀 사이에 존재하는 성에 관한 이해의 차이가 간과되고 무시되는 데서 생기는 부작용의 흔한 예들 가운데 하나일 뿐이다.

남녀간의 많은 차이에도 불구하고 남녀에게 공통되게 성이 중요한 이유는 상대방으로부터 몸과 마음을 통해 원해지며 사랑받고 있다는 느낌이 확인된다는 점 때문이다. 다른 사람을 육체적인 관계를 통해 사랑하는 태도와 방식을 살펴보면, 한편으로 자기 자신이 얼마나 스스로를 존중하는 사람인가의 여부와 자신감의 유무를 측정할 수 있다. 건강하고 아름다운 성생활은 궁극적으로 자긍심을 갖게 함으로써 매사에 자신 있고 즐거운 사람이 되게 한다.

4. 만족한 성생활에 대한 남녀의 신경생리학적인 차이

섹스는 더 이상 숨겨지고 은밀하게 언급될 성질의 주제가 아니다. 섹스는 인류 역사상 지속되어 온 행위이고 지금 이 순간에도 누군가가 하고 있는 행위이다. 세종대왕도 했고, 링컨 대통령도 했고, 성 오거스틴도 했고, 엘리자베스 여왕도 했고, 노무현 대통령이나 부시 대통령도 하는 일이고, 마틴 루터나 빈센트 필 목사도 했던 일이다. 영화배우인 탐 크루즈나 엔젤리나 졸리도 하는 일이다. 성인이 된 대부분의 사람들이 경험하고 있는 일이다. 그런가 하면 개나 원숭이, 새나 벌도 하는 일인 것이다.

먹고 자고 마시고 일하는 것처럼 자연스럽게 행하고 사는 일 가운데 하나면서도 당당하게 물어 보거나 논하는 일이 없는 주제인 탓에 나이를 먹어도 종잡을 수 없고 알 듯하면서도 막상 자신이 없는 주제이기도 하다. 대화 중에 못 알아듣는 말이 나와도 그저 아는 체하고, 아는 듯 모르는 듯 가만히 있는 게 고상하다고 자위하면서 그냥 살아 가다 보니 문제가 여간 심각한 게 아닌데도 그것이 문제인지도 모르고 사는 사람들이 태반인 것이 현실이다.

남녀간의 생리학적인 차이를 간과하고 무시하는 것이 궁극적으로 이혼의 가장 큰 원인이 되고 있음을 간과해서는 안 된다. 우리가 무시하고 간과한 남녀의 차이 가운데서도 가장 치명적인 결과를 만드는 것이 남녀의 섹스에 대한 관점의 차이다. 성이 섹스의 행위로만 끝나는 것이 아니고 성에 대한 이해가 직접적으로나 간접적으로 상대방의 인격을 판단하는 척도로 작용하게 되므로 오해를 발생시킬 수 있는 위험성은 생각보다 심각한 것일 수 있다.

남녀간에는 서로 성적으로 매력 있다고 느끼는 점에 있어서도 차이가 있다. 매력은 환상을 유도해내는 능력이라는 말이 있듯이[7] 남자는 웃는 얼굴에 부드럽고 따뜻하고, 생기가 있고, 명랑하며, 열의가 있고, 활기가 있으며, 호기심이 있는 눈빛과 수용적인 태도를 가진 여자를 매력 있다고 본다. 여자는 도전적이면서 매력이 있고, 강렬하고, 다소 변덕기가 있고, 예측하기 어렵고, 강하며, 무관심한 듯하면서도 여유가 있어 보이는 남자에게 이끌린다고 한다.[8]

사람들이 성과 관련해서 가지고 있는 가장 큰 오해는 성적인 능력과 매력은 인격과는 상관 없이 외적이고 기술적인 것이라고 믿는 데 있다. 육체적인 힘과 정력은 비례한다고 믿기도 한다. 따라서 성생활의 능력은 젊음과 늙음, 즉 신체적인 나이에 따라 큰 차이가 있다고 믿는다. 그러나 나이의 젊음이나 신체적인 능력이 섹스의 전부는 아니다. 한 번 자신의 십대나 이십대 혹은 삼십대나 사십대를 돌아본다면 언제 성적으로 가장 호기심이 많았고, 가장 만족스런 관계를 할 수 있게 되었으며, 또한 가장 성숙한 자세를 갖게 되었는지 구별이 될 것이다. 나이에 따른 성욕의 차이를 든다면 젊었을 때는 호르몬에 의한 욕구가 강하나 나이가 들어 가면서 특정한 대상에 대한 욕구가 생긴다는 점이 큰 차이점이다. 결과적으로 볼 때 신체적인 젊음보다는 경험과 연륜, 남녀의 차이에 대한 보다 나은 이해의 정도에 따라 더 나은 성생활이 이루어진다고 볼 수 있다.

5. 호르몬이 섹스에 미치는 영향

신경해부학에 의하면 암컷과 수컷은 뇌의 구조에 차이가 있다. 조류의 경우 뇌의 중앙에 있는 부분이 새소리를 좌우하는 기능을 가지는데 이 부분은 수컷에게 더욱 발달되어 있다고 한다. 또한 쥐의 경우에도 성을 관장하는 부분의 뇌가 수컷에게 더 발달되어 성에 관심을 더 보인다고 밝혀졌다.

남녀에게는 공통적으로 몇 가지의 성호르몬이 분비된다.[9] 이에는 먼저 남성 호르몬으로 알려진 테스토스테론(Testosterone)과 여성 호르몬인 에스트로겐(Estrogen)이 있다. 에스트로겐은 뇌와 난소에서 분비되며 남녀에게 공히 성적인 욕망을 느끼게 한다. 테스토스테론은 뇌와 고환, 난소에서 생성된다. 성적인 분위기와 관련한 무드를 조성하며 기분 좋은 느낌을 갖게 하는 호르몬으로 도파민(Dopamine)이 있다. 도파민은 뇌의 중심 부분에 있는 신경전달체로서 도파민의 비율이 높을수록 욕망도 커지게 된다. 뇌의 중간 부위와 뇌의 줄기에서 생성되는 세로토닌(Serotonin)은 만족감을 느끼게 하는 호르몬이다. 옥시토신(Oxytocin)은 뇌하수체와 난소, 고환 등에서 생성되며 생산과 관계된 호르몬이다. 즉 해산시의 자궁 수축이나 오르가즘이 있는 경우 골반의 전율 등에 관여하며 부모와 자식 간의 유대감을 갖게 하는 호르몬으로 껴안고 싶은 욕망을 갖게 한다. 그 밖에 뇌하수체에서 생성되어 발기를 돕는 알파 멜루노사일 폴리펩타이드(Alpha Melunocyte Polypeptide)가 있고 성적 흥분과 오르가즘을 느끼는 데 관여하는 에피네프린(Epinephrine)과 노레파이네프린(Norephinephrine)이 있다. 성과 관련해서 혈류의 흐름을 증가시키는 니트릭 옥사이드(Nitric oxide)나 이와 비슷한 것으로 폴리펩타이드(Polypeptide)가 있다. 성적으로 자극적인 신호를 보내는, 겨드랑이의 땀샘에서 나오는 페로모네스(Pheromones)가 있는가 하면 초콜릿 성분에서 발견되는 페넬틸라민(Phenylethylamine) 등이 있다.

    페넬틸라민은 첫눈에 반하는 순간에 사람들의 뇌에서 발생되는 화학적 요소로서 행복감과 꿈꾸는 듯한 감각을 느끼게 한다. 호르몬의 영향과 관련해서 볼 때 발렌타인 데이에 초콜릿을 선물하는 데는 명백한 이유가 있음을 알 수 있다.

신경생물학자인 안드레아스 바텔스(Andreas Batels), 세머 자키(Semir Zeki)의 연구에 의하면 사랑에 빠진 모든 사람들의 뇌의 모양이 비슷하다고 한다.[10] 좋은 기분을 느끼게 하는 도파민이 활성화되고 뇌가 일종의 황홀한 상태를 경험하게 된다. 사랑을 느낄 때 발생하는 페네틸라민(Phenylethylamine, PEA), 노레드날린(noradenaline) 등의 화학 요소가 발생하는 등 활성화되는 뇌의 부위가 같아지기 때문이다. 사랑을 하면 예뻐진다는 노랫말은 단순히 인공적인 노력의 결과만을 뜻하는 것이 아니고 심신의 안팎에서 나온 변화라고 보아야 하는 것이다.

남자 아이들은 출생 이전부터 테스토스테론이 더 많이 분비된다. 청소년기에도 여자 아이들은 출생시에 비해 테스토스테론의 양이 가까스로 두 배로 증가함에 비해 남자 아이들은 열 배, 스물다섯 배 또는 삼십 배 정도 증가한다.[11] 청소년기에 있는 남자 아이들에게 나타나는 공격성은 이 테스토스테론 호르몬의 증가와 밀접한 관련성이 있다. 즉 테스토스테론의 양이 많아질수록 대담하고 공격적이며 웃음이 적고 한 가지 목표에 집중하며 성적 본능이 강하게 나타나며 따라서 외도를 할 가능성도 커지게 된다.[12]

생화학적 측면에 있어서 남성호르몬과 관련된 공격성이 때론 남녀 관계에 긍정적인 영향을 주는 것으로 밝혀졌다. 심리학자인 로버트 스톨러(Robert Stoller)는 적대성이 성적인 흥분을 증가시킨다고 제안했다.[13] 영화 미스터 스미스 앤드 미세스 스미스(Mr & Mrs Smith)에서 서로 살인적인 적대심을 보이고 싸운 끝에 열정적인 성관계를 나누는 장면이 나온다. 극단적인 예이긴 하지만 호르몬에 의한 성적 흥분과 적대성의 감정적인 연관성을 고려하지 않으면 이해하기 어려운 장면이다. 서구 문화권에서는 싸우지 않는 부부는 성관계도 갖지 않는다(Fightless, Sexless)는 말이 널리 알려져 있다. 일 년에 대략 십 회 미만의 성관계를 갖는 부부를 성관계가 없는 부부, 즉 섹스리스(sexless)라고 칭한다. 부부가 같이 일하면서 수입은 두 배가 되어도 일상에서 늘어난 스트레스 때문에 섹스가 줄어든 현실을 가리켜 DINS(Double income, no sex)라는 표현을 쓴다. 많은 부부들이 성적 식욕 부진(Sexual Anorexia) 상태에 있다고 말해지기도 한다.

 대부분의 경우 섹스의 횟수는 결혼 건강을 재는 잣대라고 할 수 있다. 성교의 횟수가 많으면 옥시토신의 양이 증가해서 더 젊어지게 된다고 하며, 주당 평균 3회 이상의 섹스를 즐기는 부부는 그렇지 않은 부부와 비교할 때 10년 이상 젊은 모습을 간직한다고 한다.[14] 섹스의 횟수 외에도 호르몬의 양을 증가시키는 방법으로 적당한 양의 운동이나 다른 사람과의 좋은 인간 관계 등을 들 수 있다.[15] 배우자 외에 좋은 친구들로부터 우정과 지지를 나누는 관계를 가지는 것은 건강한 결혼 생활을 위해서도 바람직하다고 나타나고 있다.

한 가지 유념해야 할 것은 공격성과 성적 흥분이 관련성이 있다고 해도 강간은 성적인 행동이 아니라는 사실이다. 강간은 조절이 안 되는 성적 욕망에 의해서 행해지는 것이 아니고 극심한 분노 때문에 저질러지는 일종의 범죄 행위이다. 특히 강간을 범하는 남자들은 힘을 사용해서 여자들을 마음대로 조절하고 함부로 대하며 학대하고자 하는 것이다. 전세계적으로 매 2분 간격으로 강간이 일어나고 있음은 주지해야만 하는 현실이다.

성적으로 폭력성이 있다고 볼 수 있는 남자들은 남성 우위를 강조하거나 여권 운동을 감정적으로 무시하는 특징을 보이며 포르노 잡지에 집착하는 경향을 보인다. 이러한 경향은 그가 운전을 할 때나 자신의 어머니나 친구에 대해 가지는 태도나 행동에서 엿볼 수 있다. 습관적으로 늦는 것도 거만함이나 숨겨진 적대감 또는 반항심을 반영하는 것일 수 있다. 이러한 성향이 있는 사람과의 교제는 재고해 볼 필요가 있다.

6. 여자가 섹스를 통해 원하는 것

도대체 여자가 원하는 것은 무엇인가? 이것은 평생을 인간의 심리 분석에 헌신한 프로이트가 최후까지 그 해답을 얻지 못해 절규한 내용이다. 많은 남자들에게 여자는 정말 미스터리인가? 그런가 하면 세상을 떠들썩하게 하고, 많은 여자들을 울리는 카사노바들은 미남인 것도, 부를 소유한 이들도 아닌 경우가 많다.

부부 성관계의 만족도에 대한 한 연구 결과에 따르면 한국 여성의 부부 성관계 만족도가 대상 조사국 가운데 가장 꼴찌라고 나타났다고 한다.[16] 반면에 한국 남자들의 만족도는 중간 정도였다고 한다. 이에 대한 그들의 답변은 여자들은 남편이 전후의 로맨틱한 분위기에 신경을 쓰지 않고 자신의 충족감만 생각한다고 밝혔고, 남자들은 만족도가 낮은 이유가 성관계의 횟수가 적다는 것과 아내가 성에 관심을 안 보이거나 테크닉이 없다는 점을 들었다고 한다.

여자는 남자에게서, 또는 섹스를 통해 과연 무엇을 원하는가? 해답의 실마리는 뜻밖에도 남자들이 흔히 들으면서도 대수롭지 않게 간과해 버리는 대목에 있다. '이 옷 어때요?' '내 헤어스타일 바뀐 거 알아요?' 여자가 남자에게서 원하는 것은 바로 귀로 들을 수 있는 그의 마음이다. 여자는 상대방의 생각과 마음을 들을 때 정서적으로 안정을 느낀다. 너무 간단한 진리는 쉽게 간과되고 무시된다. 여자를 위하는 비결, 좀 속되게 말해 홀리는 비결은 그녀가 들을 수 있게 말을 하는 것이다. 여자에게는 보는 것이 아니라 듣는 것이 곧 믿는 것이다. 여자들은 머리로 이해되어야 가슴에 울림이 가 닿는다. 보는 것보다는 귀로 들을 때 감정이 열린다. 여자들은 섹스 관계를 갖지 않고도 따스하고 정감어린 제스처와 달콤한 속삭임만으로 엑스터시를 경험할 수 있으며, 지속적이고 진지한 대화만으로 영혼의 반려가 될 수 있다는 확신을 갖게 된다. 여자를 흥분시키는 요소는 청각적이어서 장기적인 약속이나 원만한 의사 소통이 필수적이다. 또한 로맨스 지향적이어서 친밀감을 주는 비 성적인 접촉을 갖는 것이 직접적인 성관계를 갖는 것보다도 의미가 있다.

여자가 섹스에서 원하는 것은 친밀한 관계이며 정서적 연계의 지속성이다. 여자는 은근하고 친밀한 느낌을 갖는 것이 성관계 이전에 선행되어져야 할 조건이다. 여자는 긴장이 채워지기를 원하므로 전희의 필요성이 크다. 여자를 만족시키는 방법은 직접적인 성관계를 갖기 이전에 전화나 문자 메시지 등을 통해 다정하게 의사 소통을 하는 것과 선물을 교환함으로써 낭만적인 느낌을 갖게 하는 것이다. 칭찬이나 경배하는 말이나 배려하고 용서하는 태도, 가벼운 포옹이나 애무 등의 애정 표현은 여자를 들뜨게 하고 흥분시키는 일상의 전희 형태라고 할 수 있다.

신체적인 접촉이나 애무를 할 때에도 여자가 남자보다 촉각에 있어 열 배 가량 민감하다는 사실을 염두에 두고 되도록 부드럽게 대해야 한다. 남자들이 자신의 기분에 따라 여자의 신체 부분을 세게 쥐거나 강하게 흡착하는 행위 등은 여자들에게 고통을 주거나 거부감을 불러일으키는 대표적인 행위이다. 여자는 평소에도 신체 접촉에 대한 필요가 남자보다 높다. 여자는 특히 섹스 직후에는 옥시토신(oxytocin)이라는 호르몬의 영향으로 껴안고, 만지고 말하고 싶은 욕구가 커진다. 손을 잡거나 껴안고, 등을 쓰다듬거나 애무하는 행위를 통해 옥시토신이 증가하는 것으로 나타나고 있다.[17] 여자의 불감증은 성적으로 개발이 덜 되었거나 분노심, 과거의 경험과 관련된 성에 대한 선입견, 주어진 상황에서 스스로를 조절하려고 노력하는 경우, 혹은 체지방이 높은 경우 등이다.

  여자가 원하는 것은 섹스보다 사랑이다. 여자에게 있어 사랑은 섹스의 전제 조건이자 필요 충분 조건이다. 여자에게 있어 섹스는 애정과 관심을 표현하는 친밀한 관계의 한 표현일 뿐이다. 대부분의 여자에게 있어 사랑이 없는 섹스는 무의미할 뿐 아니라 용납될 수 없는 일이다. 여자가 원하는 남자는 무엇보다도 정서적인 충만을 주는 남자로 약속을 해주고 지키는 남자, 자신의 생각과 느낌을 잘 전달해 주는 남자다. 여자에게 있어 섹스는 감정적인 안정감과 사랑의 느낌 가운데서 이루어지는 축하의 행위다. 따라서 여자의 질투심을 유발시키는 것은 어떤 경우에도 바람직하지 않다.

7. 남자가 섹스에서 원하는 것

남자는 성관계를 상대방과 친밀감을 느끼게 해주는 통로로 이해한다.[18] 남자에게 있어 섹스와 사랑은 경우에 따라서는 별개의 것일 수 있다. 일반적으로 남자들은 다양한 파트너와의 성관계를 즐기는 경향이 있으며, 그러기 위해서 또한 다양한 노력을 한다고 나타나고 있다.[19] 남자들이 성적으로 여러 파트너를 원하는 것은 다른 특별한 이유가 있어서가 아니고 단순히 새로운 대상이나 다양성을 원한다는 데 있다.[20] 이러한 현상을 사이몬 레베이(Simon Levay)는 수탉 효과(Cooledge Effect)라고 불렀다.[21]

오르가즘을 경험한 뒤 수컷들은 한동안 발기나 사정이 불가능한 무반응의 상태를 경험하게 된다. 그러나 이 무반응의 기간은 심리적인 요소에 의해 영향을 받게 되는데 대상을 바꾼다거나 할 경우 회복이 빠른 것으로 나타난다고 한다.[22] 사이몬 레베이의 저서에 따르면, 동일한 암컷과 계속해서 교미하는 경우 수탉은 보통 다섯 번 이상은 불가능하며, 황소는 일곱 번, 남자는 다섯 번 정도가 최대인 것으로 나타나고 있다.

남자들이 섹스에 대한 생각을 하는 횟수는 대체로 나이에 따라 차이를 보인다고 한다. 삼십오 세에서 사십 세의 남자들은 십 분에 한 번 간격으로, 사십대는 삼십 분마다, 그리고 사십오 세가 지나면서는 시간당 한 번 꼴로 섹스와 관련된 생각을 한다고 한다.[23] 그런가 하면, 성과 관련된 꿈을 꾸게 되는 것도 남자가 여자보다 세 배가 높다. 시각적으로 자극을 받는 남자들은 포르노에서 여성의 나신 등을 볼 때 흥분을 느끼며 알몸으로 등장하거나 섹시한 란제리를 입은 몸매를 볼 때 자극을 받게 된다. 이처럼 남자들이 대상의 다양성이나 변화를 원하고 추구하는 본능을 갖게 된 것은 종의 전파를 위한 자연의 섭리라고 설명되기도 한다.

남자가 섹스에서 원하는 것은 무엇보다도 오르가즘을 통한 축적된 긴장 해소와 체내에 쌓인 긴장감의 완화이며, 이로써 위안을 얻는 것으로 볼 수 있다.[24] 수면중에 이루어지는 몽정이나 일정한 기간 동안 성행위를 하지 않을 경우 자위 행위를 통해 긴장을 완화시키는 행위는 긴장감에서 벗어나 편안해지고자 하는 행위로 볼 수 있다. 전희를 통해서 긴장감을 쌓는 여자와는 달리 남자는 섹스를 통해 긴장을 푼 후에야 주변 분위기가 눈에 들어오고 음악이 귀에 들어오는 여유가 생긴다. 긴장감으로 인해 남자는 성행위시 특정한 부분이 자극되는 것을 선호한다.

남자에게 성행위는 하나의 성취 행위이므로 자신이 베푸는 것에 만족하는 여자를 좋아한다. 즉 남자는 성행위를 통해 자신이 쾌감을 얻는 것도 중요하지만 자신을 통해 여자가 쾌감을 얻는 것을 보는 것 또한 매우 중요하다. 한 번에 두 가지 일을 동시에 처리할 수 없다고 알려진 남자들은 성교시에도 한 번에 한 가지 이상을 신경쓰지 못한다. 남자가 섹스 중 말을 하지 않는 이유는 몰두하고 있는 작업을 완수하기 전에 헷갈리는 게 싫어서라고 할 수 있다. 대부분의 남자들은 성교시 질문을 받거나 말하는 것은 물론이고 듣는 것도 싫어한다. 자신의 일에 만족해서 내는 교성이나 뜻없고 애교스런 감탄사 외에 여자로부터 듣게 되는 문장들은 신경을 쓰이게 만들고 집중을 방해함으로써 성적 흥분을 저하시키는 부정적인 영향을 끼칠 뿐이다. 따라서 성관계를 갖는 동안 심각한 질문을 하거나 의견 교환을 요구하는 말은 삼가는 게 바람직하다. 상대를 거부하는 듯한 태도나 비판하고 판단하는 말은 여자들의 상상을 초월할 만큼 관계상에 부정적인 영향을 남긴다.

성교상에 있어서 남녀가 가진 부담과 역할에도 차이가 있다. 여자는 항상 성교가 가능하며 성관계를 갖기 위해 반드시 갖추어야 할 조건이 없다. 여자가 가진 긍정적이고 적극적인 태도는 어디까지나 의도적인 것이며 성행위시 금상첨화랄 수 있으나 필요 조건인 것은 아니다. 한편, 남자의 성기가 발기되지 않으면 남녀간의 성교는 불가능하다. 어떻게 보면 나이에 상관 없이 남자는 매번 성교시마다 일종의 시험의 관문을 통과하고 있다고 볼 수 있다. 남자는 은근히 실패나 실수에 대한 두려움이 있으며 여자의 불만족스러운 태도나 비난은 매우 치명적인 결과를 가져올 수밖에 없다.

남자가 원하는 여자가 어머니와 하녀의 중간쯤의 여자라고 말해지는 것은 바로 남자가 가진 이러한 이중적 욕구에 근거한다고 볼 수 있다. 남자가 어머니에게서 기대하는 것은 어머니들이 아들들을 대할 때 가지는 긍정적이고 우호적인 기대감이다. 어머니들은 아들들을 인정하며 유쾌한 측면에서 그들을 비춰 주는 대상이다. 하녀의 속성은 주인을 향한 복종과 존경의 태도이다. 남자에게 섹스는 자신을 주는 행위이기 때문에 여자의 거부는 상상할 수 없는 치욕감을 준다. 남자는 여자의 따뜻하고 부드러운 품성을 원하며 동시에 자신을 항상 칭찬하고 받아주는 너그러운 태도를 기대한다. 남자는 딱딱한 상황을 센스 있고 유머스럽게 넘어갈 줄 알고 어린아이처럼 때론 유희를 즐기며 즉흥적인 감각이 있는 여자에게 쏠린다. 남자들이 야하게 보이는 여자에게 끌리는 것은 그런 여자들에게 있을 법한 일종의 성적 에너지와 관련된 매력 때문이다. 야하고 유혹하는 듯한 여자는 사랑하는 데 자신감이 있어 보인다. 남자가 성생활과 관련해서 원하는 여자는 궁극적으로 섹스를 좋아하는 여자, 유머 감각이 있는 여자, 여성스러운 점이 비치는 여자, 그리고 자신에 대해 자신감 있는 여자라고 할 수 있다.

  남자의 성 충동은 하루 중에는 아침에 가장 강하고, 사계절 중에는 봄에 가장 약하며, 가을에 가장 강하다고 한다. 여자는 남자의 발기를 성관계를 원하는 신호로 잘못 이해하는 경우가 많은데 모든 발기 상태가 다 성적인 욕망과 관련된 것은 아니다. 하루 중 자연스레 발기가 일어나는 때는 아침으로 이 현상을 조발(早發)이라고 하며, 이는 성적인 충동보다는 신체적인 현상이다. 발기가 성적인 충동과 맞물려 있는지를 알려면 눈빛으로 확인하는 게 더 확실하다고 하겠다.

　섹스 직후 여자와는 달리 남자들은 곧바로 잠에 빠지거나 벌떡 일어나 잠시 중단했던 일을 하는 경우가 많은데 이는 오르가즘 중에 잠깐 잃었던 통제력을 회복하려는 욕구에서 행동 개시를 하는 것이다. 남자가 가진 두 가지의 기본 욕구는 사랑과 일이며 이 두 가지 중 일이 더 중요한 것으로 나타나고 있다. 여자들이 대체로 애인이나 가족 혹은 친구 등 인간 관계 때문에 자살하는 것에 비해, 남자들이 자살하는 가장 큰 이유는 일과 관련된 능력 때문이거나 자존심이 손상당했을 때이다.[25]

　중년기 이후의 성관계 불능은 권태가 가장 큰 요소이며, 그 밖에 발기 부진을 가져오는 이유로는 과중한 스트레스, 감정적 억압, 두려움, 알코올의 영향 내지는 지나치게 기름진 음식을 과다하게 섭취한 결과 등을 들 수 있다. 남자의 조루는 지나친 긴장이나 관계를 원하지 않을 때, 또는 고기를 많이 먹는 사람의 경우 피가 진해지게 되어 일어난다. 반면에 남자의 지루는 분노나 화와 관련된 경우가 많다.

8. 남녀에게 공통되게 섹스가 중요한 이유

섹스를 통해 남녀 모두는 사랑받는다는 느낌과 상대방이 자기를 원한다는 느낌을 갖기를 원한다. 섹스는 다른 한 인간과 나눌 수 있는 가장 친밀한 유대의 형태로써 단순한 성기의 접촉이 아니고 몸 전체를 통한 깊은 의사 소통이기 때문이다. 섹스는 전신을 통해서 두 사람이 서로를 향한 감사를 표현함과 아울러 친밀한 경험을 하는 행위이다. 남녀를 막론하고 자신이 상대방으로부터 원해지고 사랑받는다는 확신을 갖는 것은 건강한 관계에 필수적인 요소이다. 테레사 수녀는 현대 사람들이 가진 가장 큰 질병은 자신들이 다른 사람으로부터 원해지지 않는다고 느끼는 데 있다고 했다. 남자들은 일단 한 번 관계를 맺고 나면 섹스를 즐기는 여자를 좋아한다. 음란한 여자를 좋아해서가 아니고 그 사람이 자기를 원한다고 하는 느낌과 확신이 그의 기분을 좋게 하고 자신감을 주며, 따라서 기분 좋은 성생활을 하게 되기 때문이다. 정숙해 보이는 배우자를 두고 바람을 피우는 남자들은 뜻밖에도 조금은 속되고 야해 보이는 여자들과 관계를 맺는 경우가 많은데, 그 이유는 두 가지 측면에서 생각해 볼 수 있다. 그 하나는 번번이 성관계를 피하려 하거나 성관계시 수동적인 파트너는 상대방을 원하지 않는다는 메시지를 주기 때문이다. 다른 하나는 야하게 보이는 여자들은 보통 섹스에 관심이 많고 이를 즐긴다는 선입견 때문이다. 섹스는 단순한 성교가 아니고 몸 전체를 통해 서로 인정하고 감사하는 느낌을 갖는 행위여야 육체적으로 만족한 성행위라고 할 수 있다.

　서로에게 인정되고 받아들여지는 육체 관계라고 느낄 때 사람들은 안전감을 느끼게 된다. 보통 성관계를 가지기 직전에 서로의 몸을 부드럽게 만지고 쓰다듬으며 점차적으로 서로의 몸에 다가가는 모든 행위를 전희라고 한다. 전희는 애무를 통해 몸 구석구석의 감각적인 흥분을 살려내는 행위는 물론 서로를 깊이 들여다보는 애정어린 응시나 신뢰가 섞인 속삭임 등이 모두 포함되는 행위이다. 즉각적인 성관계를 목적으로 하지 않는 부드러운 피부 접촉이나 평상시의 가벼운 키스, 포옹 등을 모두 전희의 형태로 볼 수 있다. 많은 사람들에게 있어 전희는 마치 주 요리가 나오기 전의 전채(前菜)요리나 섹스 직전에 행하는 준비 운동쯤으로 이해되고 있다. 그런 탓에 이를 되도록 짧고 적당히 넘어가며, 때론 마지못해 거치는 단계로 여기기도 한다. 애정 표시나 사랑의 행위가 서로의 마음과 느낌을 전달하는 진지한 과정일 때 섹스는 단순한 성교(intercourse)가 아닌 보다 광범위한 의미에서의 정사(making love)가 되는 것이다. 사랑하는 사람과의 섹스는 상대방으로부터 애정과 사랑을 받음으로써 각자의 존재를 특별하고 가치 있는 존재로 발견하도록 해준다.

　남녀 모두에게 있어 건강하고 아름다운 성생활이 매사에 자신 있고 즐거운 사람이 되게 함에 차이가 없다. 다른 사람에 의해서 원해진다는 사실이 자신이 가치 있는 존재임을 증명하며 이런 자각은 궁극적으로 자긍심과 연결된다. 따라서 성은 가장 효과적으로 자신의 이미지를 새로운 각도에서 찾게 해주는 창구 역할을 한다. 침대에서의 태도와 그 사람이 가진 자긍심(self-esteem)과는 밀접한 관련이 있다. 자신이 상대에게 어떻게 보여지는가 하는 점이나 자신이 하고 있는 행위가 상대에게 어떻게 평가되는가 하는 점에 대한 민감성은 곧 그 자신이 자신에 대해 평소에 갖고 있는 스스로에 대한 평가와 직접적으로 연결이 된다. 곧 열등감이 있거나 자신감이 없는 사람들은 성생활에 어려움이 있을 수 있다.

  삶의 가장 생동적인 에너지가 성생활을 통해 거듭 확인된다고 해도 과언이 아닌 이유는 바로 자신의 몸과 상대방으로부터 받는 애정에 대한 자신감과 관련이 있기 때문이다. 일반적으로 마음이 변해서 사랑이 식는다고 이해되고 있다. 사실은, 사랑이 식기 때문에 마음이 변해 간다고 해야 더 정확한 표현이다. 사랑은 흔히 이해되는 것처럼 속수무책으로 일어나는 감정인 것만은 아니다. 모든 습관이 반복된 생각이나 행동의 결과이듯 사랑이나 미움도 습관과 무관치 않다. 사랑에 빠진 사람들은 그 대상을 쉴새없이 생각하고 그리워하며, 그리워하므로 더 그리워하게 되는 습관을 형성하는 것이다. 사랑하는 대상을 그리워하며 기분 좋은 접촉이나 서로를 인정하는 시선이나 은밀한 대화를 기억하고 꿈꾸는 사랑의 습관이 지속되는 한 마음의 변덕이 일어날 수 없다. 더 이상 서로를 만지지 않게 되고 가까이 다가가게 되지 않으며 다시 만나는 순간에 대한 기대가 없어지고 있다면, 서로에 대한 마음이나 기대에 변화가 없을지라도 사랑이 시들어 가고 있음을 자각할 일이다. 아직 채 열정이 다하기도 전에 실연하게 되면 자살 기도까지 갈 만큼 절망하고 낙담하는 사람들도 만남의 고리가 끊기고 얼만큼 시간이 흐르면 "희미한 옛사랑의 그림자"로 정리될 뿐이다. 이는 더 이상 그 사랑에 대한 습관이 유지되지 않는 탓이다. 섹스의 횟수가 현저히 줄어져 간다면 두 사람 사이의 관계를 점검해 볼 필요가 있다. 건강상의 뚜렷한 이유가 있는 경우를 제외하면 섹스에 대한 관심과 횟수가 줄어드는 커플들은 전반적으로 모든 종류의 전희가 줄어들고 점차 서로의 몸에 닿는 모든 활동에 변화가 생긴다. 겉으로 드러나지는 않아도 감춰진 문제들이나 표현되지 않는 화·실망감·불신·불만족·우려 등이 있으면 원시성과 정직성을 잃지 않는 인간의 몸은 머리로 하는 지적인 판단이나 정당화와는 별도로 솔직한 반응을 하기 때문이다. 섹스는 이런 경우 관계상의 암초를 예견시키는 척도가 된다. 성관계 중에 무심코 내뱉은 비난이나 면박을 주는 말이 뜻밖에도 깊은 상처를 남기기도 하고 결과적으로 서로를 배척하는 근거가 될 수 있다는 것을 유념해야 한다.

또 다른 이유로 매우 드물기는 하지만 성녀-창녀 콤플렉스(Madonna-Whore Complex)를 들 수 있다. 이는 너무 좋아하는 여자와는 극단적인 흥분 상태나 조바심으로 인해 성관계가 되지 않

거나 쾌감을 얻을 수 없는 경우이다.[26]

　남녀에게 공히 건강하고 아름다운 성생활은 매사에 자신감과 즐거움을 갖고 살게 한다. 성은 가장 강력하게 자신의 이미지를 새롭게 가지게 하는 창구가 되기 때문이다. 지속적이고 건강한 성관계는 이에 대한 끊임없는 관심과 노력이 필요하다. 서로에 대한 신뢰가 있는 가운데 시간을 함께 가지면서 나누는 애정어린 대화와 신체적인 접촉을 자주 나누는 것이 좋은 성관계를 유지해 가는 토양이다. 좋은 성관계는 어떻게 관계를 하느냐 하는 기술적인 문제보다는 섹스를 어떻게 이해하고 행하는가 하는 태도나 마음 상태와 더 큰 관련이 있다.

셋. 사랑의 지도(Love Map)

남자들은 여자들이 과거의 일을 되살리면 예를 들어 설명하는 것으로 이해하기보다는 지나간 일을 다시 거론해서 따진다고 생각하기 마련이다. 맺힌 것은 풀어야 하는 것이나 방법상의 차이를 아는 것이 중요하다. 정 떨어지는 여자가 되면서까지 따질 일이란 이혼 법정에서나 필요한 일일 것이다.

셋. 사랑의 지도(Love map)[1]

 사람은 누구나 멋있고 아름다운 것에 눈길을 빼앗기게 되고 매력적인 사람에게 끌리게 된다. 그러나 아름답다는 느낌이나 매력적이다라는 평가는 전적으로 그 대상에 의해서 결정된다기보다는 보는 이의 주관과 판단에 그 절반의 책임이 있다고 할 수 있다. 아네이스 닌(Anais Nin)은 우리는 사물을 있는 그대로 보는 게 아니고 우리가 어떤 사람인가 하는 한도 내에서 사물을 보게 된다고 말했다. 성경에 돼지 앞에 진주라는 표현이 있듯이 물건이나 사람의 가치는 보는 이의 안목과 무관하지 않기 때문이다. 그래서 사람이 가진 매력에 대해서도 아더 훼이너(Arthur Feiner)는 매력이란 환상을 자극시키는 능력을 일컫는다고 지적했다. 즉 사람이나 사물을 보는 순간 우리는 어떤 이미지나 느낌, 상상력을 통한 기대감 등을 갖게 되는 것이다.

사람들이 저마다 사랑하는 사람에 대한 타입이 있다는 것은, 우리가 차를 몰고 어떤 장소에 가기 전에 지도를 참고하듯이 우리의 감정이 지나치는 길에도 지도가 있는 것과 같은 얘기인데, 이것이 러브 맵이다. 러브 맵은 마음속의 이미지 가운데 들어 있으며 꿈이나 환상 등에 섞여 있다가 상대가 되는 사람을 만날 때 그 사람과의 관계 속에서 실제적인 것으로 인식되게 된다. 즉, 러브 맵은 자신이 이상적이라고 생각하는 사람과 짝을 이루어 함께 낭만과 연애의 감정을 갖고 이상적이고 성적인 관계를 만들어 가는 것에 대한 정신적인 이미지를 가리킨다.[2] 이것은 각자의 기질·선호도·편견·가정 교육 등의 영향으로 형성된 자아와 영혼의 저울질에 의해 형성되는 것이다.

상담을 하다 보면 부모 중의 하나와 흡사한 사람을 배우자로 택한 경우를 많이 보게 된다. 한 예로 아버지에게 너무 집착하고 잔소리가 심한 어머니를 몹시 싫어했다는 중년의 남자는 자신이 좋아해서 쫓아 다녔던 여자와 가까스로 결혼을 했다고 한다. 이십여 년이 지난 뒤 부부 문제로 상담을 하면서 자신의 아내의 투정이나 바가지가 예전 자신의 어머니와 너무도 비슷하다는 것을 깨닫고 경악을 금치 못했다.

제 눈에 안경이라거나 십인십색(十人十色)이라는 말처럼 각 사람에 따라 멋과 미의 기준이 다르고 매력이나 아름다움에 대한 느낌이 다를 수밖에 없다. 어떤 상황이나 이론에 있어서도 아름다움은 보는 사람의 눈에 달려 있다는 말이 있듯이 항상 개인적인 차이나 예외는 있다.[3] 그러나 그럼에도 불구하고 여러 개성과 차이 가운데서도 일반적으로 공통된 요소가 있고 두루 긍정하는 바를 찾아볼 수 있다. 이러한 일반성에 근거해서 여자가 원하는 멋있는 남자와 남자에게 매력적인 여자의 특성에 대해 살펴볼 수 있다.

1. 잃어버린 반쪽의 의미

이상적인 배우자를 가리키는 상징적인 의미의 표현으로 가장 많이 듣게 되는 것이 잃어버린 반쪽이라는 말일 것이다. 노랫말이나 극중의 대사 가운데 곧잘 듣게 되는 각 사람의 반쪽 또는 잃어버린 반쪽은 플라톤의 『향연(Symposium)』에서 비롯되었다. 『향연』이라는 책에서 아테네의 시인이며 희극작가인 아리스토 파네스(Aristopanes)는 사람의 성별은 해와 달과 지구처럼 세 종류였다고 설명한다.[4] 그 세 성은 남자, 여자 그리고 양성을 의미하며, 남자는 해의 아들이었고, 여자는 지구의 딸이었으며, 남녀 혼성은 달의 아이였다는 것이다. 각각의 성은 머리 하나에 얼굴이 앞뒤 양면으로 둘이고 팔과 다리 손과 발이 각각 두 쌍으로 네 개씩이며 성기는 앞뒤 얼굴에 맞추어 하나씩이었다. 따라서 남성은 앞뒤로 남성이며 양면으로 각각 남성의 성기를 지니고 있었고, 여성은 앞뒤로 여성이며 앞뒤에 각각 여성의 성기를 지니고 있었다. 세 번째 성인 양성은 한 면은 여성의 얼굴과 여성의 성기, 그 뒷면은 남성의 얼굴과 남성의 성기를 가지고 있는 혼합체였다. 이상 세 가지 성별의 인간들은 앞뒤로 걷는 것은 물론 자신들의 부모인 해와 달과 지구처럼 원형으로 몸을 구부려 구르는 등 굉장한 힘과 지적 능력을 보유한 만능의 인간들이었다. 그뿐만 아니라 천상의 일을 평가하며 신들을 공격하고자 하는 야망을 갖게 되었다. 천상의 회의에서 이렇듯 강력한 인간들의 불손함에 대한 의심이 제기되고 이들을 멸망시킬 궁리도 하였지만 그렇게 되면 인간들이 신들에게 바치는 예배와 제물도 중단될 수밖에 없게 되는 형국이었다. 제우스신이 마침내 오랜 고심 끝에 해결책을 내놓았다. 제우스는 인간들을 완전히 없애기보다는 반쪽으로 나누어 쪼개 놓으면 힘이 약해져서 위협적인 존재가 되지 못할 뿐더러, 숫자는 훨씬 증가되므로 신들에게는 이익이라고 생각했다. 제우스는 인간을 반으로 나눈 후에도 인간들의 불손함이 계속되면 그때는 또 절반으로 쪼개어 두 발로도 걷지 못하고 한 발로 뛸 수밖에 없는 존재로 만들 생각을 굳혔다. 제우스는 마침내 인간들을 반쪽으로 나눈 뒤 의술의 신인 아폴로를 불러 상처를 아물게 하고 균형이 잡힌 형상으로 치유시키도록 하였다. 이렇게 해서 이분된 사람들을 서로의 반대 방향으로 나아가게 해서 흩어지게 함으로써 평생 이들이 자신들의 잃어버린 반쪽을 찾아 헤매도록 하였다.

잃어버린 자신의 반쪽을 다시 찾고자 하는 것은 그러므로 매우 긴박하면서도 에로틱한 사랑과 욕망에 대한 설명이 된다. 다른 대상과의 사랑은 강력한 자기 실현을 향한 의지로서 나타나는 것이며 사랑에 빠지게 되는 대상이 자신의 의도와는 다를 수 있는 신비로운 면에 대한 해석이 가능해진다.

세 가지 성별에 대한 내용은 요즈음 종교계나 사회면에서 해결되지 않고 뜨거운 감자로 남아 있는 동성애자들에 대한 해석을 용이하게 하는 근거를 제공하기도 한다. 세 가지 성별 중 처음부터 양성이었던 사람의 짝은 이성간이 되지만 각각 여성과 남성으로 쌍을 이루었던 사람들의 짝은 각각 여성과 남성, 즉 동성이 그들의 반쪽에 해당하기 때문이다. 기독교의 창조론과는 현격한 차이를 보이는 이론이지만 철학의 발생 이후 어떤 현상이든 그 원인을 규명하고 사물의 이치를 찾아보려는 철학적 사고에서 나온 것임을 고려할 때 잃어버린 반쪽에 대한 이론은 인간과 인간의 사랑을 이해하고자 하는 문학적이며 철학적인 시도라고 볼 수 있다.

2. 사랑에 빠진다는 의미

신이 인간을 창조할 때 진실을 숨겨 둘 장소에 대해 고민했다고 한다. 이에 대한 해답으로 천사들이 제시한 방법은 다양했다. 그 하나는 진실을 가장 높은 산꼭대기에 숨기는 방법이 있었고, 다른 하나는 심해(深海)의 바닥에 가라앉혀 놓는 방법이었고, 또 다른 하나는 가장 먼 별나라에 갖다 두는 것이었다. 궁극적으로 신이 진실을 감추기에 적합하다고 선택한 장소는 인간의 마음이었다. 진정을 다해 진실을 구하는 사람은 천사들이 제시한 그 어떤 장소에서 보다 쉽게 찾을 수 있는 반면에 억지로 힘을 쓰는 경우엔 전 우주를 탐사할 능력을 갖춘다 해도 닿을 수 없는 처소이기 때문이다.

고대로부터 극작가들은 사람의 영혼은 마치 현미경 아래서 관찰되는 아메바처럼 이끌리는 것을 쫓아 지속적으로 방향을 바꾸어 나가며 심지어는 자신의 색깔이나 모양을 바꾸어 가면서 목적하는 물체를 향해 나아간다고 믿었다.[5] 이는 온갖 비극이 예상되어도 매력 있는 것을 향해 집착하는 인간의 성정을 이해하는 하나의 방편이었을 것이다.

남자나 여자가 한눈에 사랑에 빠진다고 할 때 그것은 상대가 그만치 매력 있다는 의미이기보다는, 사랑에 빠진 사람이 평소에 가지고 있던 기대나 느낌을 그 상대를 통해 투사하게 된 경우라고 할 수 있다. 각 개인이 사랑할 사람에 대해 갖게 되는 투사된 이미지는 보통 각자의 부모나 읽은 책, 혹은 영화 속의 이미지 등이 그 사람이 가진 이미지나 상상력과 부합되어 형성이 된다. 칼 융(Carl Jung)은 각자가 무의식적으로 갖고 있는 이상적이고 낭만적인 이미지를 가리켜 모든 남자들이 자신 안에 자신만의 이브를 갖고 있다고 표현했다.[6] 사람들에게 어느 정도는 처음부터 좋아하고 끌리는 타입이 정해져 있는 이유도 이 때문이다.

사람들이 낭만적인 대상을 향해 갖고 있는 이미지는 보통 그 사람이 성장해 온 환경 속에서 갖게 된 선호도와 편견은 물론 반감이나 혐오감 등이 반영되어 형성된다. 이상적인 짝을 가리켜 영혼의 반려(soul mate)라고 칭하는데, 이는 말 그대로 영혼이 함께 하기를 원하는 대상이라는 의미다.[7] 영혼(soul)은 느낌을 전달하고 느낄 수 있는 능력과 관련된 영역이다. 영혼이 끌리는 대상은 매력적으로 느껴지게 하는 매너나 성질, 신념 등을 비롯하여 체형적인 특징이나 취향 등을 포함하기 때문에 어떤 대상을 향한 구체적인 경향을 그 사람이 가진 사랑의 지도라고 부를 수 있는 것이다.[8]

남녀의 차이를 염두에 두고 사람들이 사랑에 빠지게 되는 경우를 살펴보면, 사람들이 사랑에 빠질 때도 성별에 따라 빠지는 대상에 대한 기대와 판단, 감정이 다르게 나타남을 알 수 있다. 여자는 남자의 몸매나 용모에 앞서 눈에 나타나는 표정을 매우 중요시한다. 또는 손이나 구체적인 부위를 보면서 그 사람이 가진 사려의 정도나 능력, 또는 책임감의 정도 등을 인지한다. 여자가 이성 파트너나 배우자를 찾을 때는 감정적인 안정감을 제공하는 것과 아울러 경제적으로도 안정된 환경을 제공할 만한 사람에게 호감을 느끼게 된다. 따라서 장기적인 차원에서 볼 때 좋은 부모와 능력 있는 생활인이 될 가능성이 있는 사람을 선호하게 되는 것이다. 여자들은 또한 사회성이 있는 남자에게 높은 점수를 준다. 사람들과 무난하게 어울리며 유머 감각이 있고 품위 있는 복장을 한 남자를 멋있게 보며, 남자가 가진 사회적 지위는 그의 능력과 품질을 보증하는 상표와도 같은 역할을 한다. 여자들이 널려 알려진 이름 있는 브랜드를 선호하고 명품을 선망하는 것을 고려해 볼 때 자신의 파트너나 배우자가 될 사람을 보는 선호도 또한 이러한 성향과 관련이 있다고 보면 된다.

이에 반해, 남자들은 자신들의 연령과는 상관없이 출산 능력이 있는 젊은 나이의 여자를 좋아하며 신체적인 매력을 으뜸으로 친다. 일반적으로 남자들은 건강하고 보기 좋은 용모와 몸매에 혈색이 좋은 여자들을 선호한다.[9] 남자는 예쁘고 몸매가 잘 갖추어진 여자라면 일단 호감을 가지며, 그 밖에 그녀가 입고 있는 옷의 값이나 다른 사람의 의견 등은 크게 중요시하지 않는다. 성공하고 야심 있는 남자일수록 더 배우자감의 외모에 관심이 큰 것으로 나타나고 있다.[10]

외양과 관련해서 보면 사람들은 대체로 신체적인 특징이 자신과 비슷한 사람에게서 친숙함을 느끼고 더 선호한다고 한다. 신체적

내용과 아울러 감정적으로 친근한 사람을 찾는 경향이 있다. 닮은 부부가 잘 산다는 말은 사람들의 이러한 경향과 무관하지 않다. 눈에 익숙한 것일수록 옳고 바른 것인 양 받아들이는 경향은 사람들이 가진 근본적인 나르시즘을 반영하는 것으로 볼 수 있다. 선택을 해야 하는 상황에서 자신이 진심으로 원하는 대상을 제쳐 두고 남의 판단이나 사회적으로 선호되는 대상을 선택하는 경우가 있다. 이는 사회적인 압박감과 관련된 사항으로 주변의 압력이나 사회적인 조건과 관련된 일종의 허영에 의한 선택인 경우가 많으며 장기적인 차원에서 실패나 불행을 자초하는 선택일 수 있음으로 경계해야 한다.

자기를 어떤 사람으로 인식하느냐에 따라 원하는 대상이 달라지는 것이므로 사람이 변하고 발전해 가면서 다른 사람에 대한 기대나 바램 또한 달라질 수밖에 없다. 사랑에 빠져서 만나고 선택한 사이라고 해도 지속적으로 서로의 발전을 지향하고 추구해 가는 바를 이해하려고 노력해 가지 않는 한 조화로운 관계를 유지해 가기 어렵다.

현대 과학의 발전으로 사랑의 느낌을 관장하는 것은 마음이 아니라 두뇌라고 알려져 있다.[11] 사랑에 빠지거나 짝을 형성하는 감정은 뇌하수체와 관련된 일이라는 것이다.[12] 실제로는 아무런 관계도 없으면서도 항상 누군가를 집중적으로 생각하고 강렬하게 사랑한다고 믿는 경우가 있다. 이것은 말 그대로 사랑 중독(Love addiction)이며 감정적으로 공허한 상태에서 자기 자신을 미화하려는 경향에서 나온다. 누구를 사랑하기보다는 사랑받고 싶은 강렬한 욕구와도 관련이 깊다고 할 수 있다. 사랑은 단순히 좋고 설레이는 감정을 넘어 영혼을 채우고 삶의 충만을 이루는 데 필수적인 요소이다. 자신이 필요해서 상대방을 사랑하는 것이 아니고 사랑하기 때문에 그를 원하는 것이 사랑이다. 상대방이 원하는 것이 무엇인지 알고자 하는 것이 우선적인 관심이 되고 그것을 채워 주고자 하는 열망이 있을 때, 고통을 인내해낼 수 있는 의지와 힘이 실린 사랑이 가능해진다. 어떠한 상황에서건 상대방을 위해 최상의 염원을 갖는 것이 사랑이다. 진심으로 사랑한다거나 사랑에 빠졌는가에 대한 자가 진단은 그를 위해 기꺼이 섬기는 자가 되고 싶은가하는 물음에 대한 답을 찾아보면 알 수 있다.

3. 상대적 시간 개념

남녀의 관점의 차이와 관련해서 남녀에게 공통된 요소와 바람직한 관계를 위한 몇 가지 측면을 생각해 볼 수 있다. 멋있고 매력 있는 사람과 함께 하는 시간은 아인슈타인이 상대성 이론을 설명할 때 예를 들었던 것과 마찬가지로 시간의 흐름을 매우 주관적으로 감지하게 한다.

시간의 개념은 시계가 가리키는 일정한 시간으로 크로노스 (Chronos) 타임이 있고, 영혼이 재는 시간이라는 개념으로 카이로스(Kairos) 타임이 있다. 카이로스 타임은 더 이상 일직선상의 시간 개념이 아니고 주요한 사건이나 강력한 느낌을 받을 때 느끼는 시간을 말한다. 즉 중요한 깨달음이 있는 경우랄지, 위험에 처하거나 중대한 결정을 해야 할 때, 생애에 영향을 미칠 만한 중요한 사람을 대할 때, 고대하고 기다렸던 순간 등을 접하면서 감지하는 시간의 흐름은 시계가 가리키는 시간과는 매우 다른 길이를 갖는다는 것을 알 수 있다. 성경에 하루가 천 년 같고 천 년이 하루 같다고 한 표현은 카이로스 타임을 의미한다고 볼 수 있다. 우리는 좋은 사람과 함께 하는 시간을 아쉬워한다. 좋다고 느끼는 몇 시간의 시간은 마치 몇십 분간의 시간처럼 빨리 지나가고 마는 것임을 알기 때문이다.

멋있고 매력 있는 사람과의 인생은 카이로스 타임으로 잴 때 세상 어떤 사람과도 비교할 수 없는 시간을 사는 것이다. 모든 이들이 다 오래 살기를 원하는 것은 아닐 것이나 사는 동안 행복하고 즐거운 나날이기를 꿈꾸지 않는 사람은 없을 것이다. 아리스토텔레스는 사람에게 중요한 것은 오래 사는 데 있는 것이 아니고 훌륭하게 사는 것이라고 가르쳤다. 오래 산다는 것과 훌륭하게 산다는 것은 바로 삶의 양과 질에 따른 관점이다. 인생 평균 연령인 70대를 산다고 해서 모두 같은 시간만큼 살다 가는 것이 아닌 것이다. 우리에게 주어진 한정된 시간을 보다 풍요롭고 꿈 같은 시간으로 살기 위해서는 우리에게 카이로스 타임을 느끼게 해줄 수 있는 동반자가 필요하고, 우리 자신이 우리의 동반자에게 카이로스 타임을 갖게 하는 사람들이 되어야 한다.

성별이나 연령과는 상관 없이 누구에게나 멋있고 매력 있는 사람이 되기 위해서 모든 인간 관계에서 고려해야 할 4가지 범세계적인 원칙이 있다. 그 첫째 원칙은 다른 사람을 존중하고 영예롭게 하는 일이다. 같이 있어서 기분 좋은 사람은 상대방을 존중하고 인정해 주는 사람이다. 둘째 원칙은 필요를 채워 주고 보호해 주며 함께 살아 가는 사람이라는 편안함을 주는 사람이다. 셋째 원칙은 원해지고 사랑받고 있다는 확신을 갖게 해주는 사람이다. 평소에 다정하고 친절한 말 한 마디가 행복한 사람들을 만들어 간다. 끝으로 넷째 원칙은 다른 사람의 방식을 허용하는 데 있다. 어떤 유형으로든 억압받고 통제받는 상황을 원하는 사람은 한 사람도 없을 것이다. 개인적인 차이나 성별의 특성적인 차이에도 불구하고 우리 모두가 원하는 사람이 사랑이 많은 사람인 것은 분명하고, 사랑은 상대방에 대한 이해가 있어야만 건강하게 지속될 수 있다.

자기 안에 있는 진실을 발견해 주고 볼 수 있게 해주는 사람이 바로 사람들이 원하는 대상이다. 내가 다른 사람을 제대로 알기 위한다면 그 사람이 나를 알고 있어야 한다. 내가 바라보는 그 대상 또한 나를 바라보고 있어야 한다. 사람은 누구도 자기가 사랑하지 않는 사람에게 자기를 열어 보이지 않기 때문이다.

4. 여자가 원하는 멋있는 남자

여자들은 현실적으로 생활 능력이 있고 복장이나 매너가 세련된 사회성이 발달한 남자들을 선호한다. 사회성이 있고 유머 감각이 있으며 생활 능력이 있는 남자들이 공통적으로 보이는 외양적 특징이 있다. 남성 호르몬의 발달로 성적인 매력을 드러내고 여자들에게 멋있어 보이는 남자들은 대체로 눈이 크고 광대뼈가 드러나며 턱이 잘 발달된 얼굴형에 웃는 얼굴이라고 한다.[13]

여자들은 감정적으로 안정을 느낄 때 사랑을 확신하며 행복한 느낌을 갖게 되므로 여자가 원하는 남자는 무엇보다도 말이 통하는 사람이다. 여자들은 냉철한 비판과 충고를 해주는 남자보다는 따뜻하게 감싸 주고 받아 주는 남자를 원하며 또한 사랑하게 된다. 특히 가부장제 문화의 특징으로 남자들이 흔히 당연시하기 쉬운 성별에 따른 남자와 여자의 역할론은 남자들이 가장 삼가해야 할 대목이다. 여자의 입장에서 볼 때 남자가 어떤 일이나 상황에서 남녀 유별을 주장하거나 요구하는 것은 스스로를 시대에 뒤떨어지고 사려가 결여된 사람이라고 자처하는 일일 뿐이다. 여자니까 이래야 한다고 한다든지, 남자니까 그럴 수 있다는 식의 언어나 태도는 현대의 여자들이 가장 싫어하는 폭군형 남자들의 상징이다. 당장 마음 깊은 곳에서부터 성별에 대한 차이를 간과하기는 어렵더라도 태도를 달리 가지는 것은 보다 나은 인간 관계를 위해 필요한 일이다.

여자는 남자가 자신을 얼마나 사랑하는지에 대해 확신을 갖고 싶어하고 이에 대한 증거를 다양한 면에서 찾고 싶어하므로 남자가 보여주는 관심의 정도에 대해 민감하다. 비근한 예로 많은 아내들이 헤어스타일이나 새로 입은 의상에 무관심한 남편들에 대해 원망하는 경우가 종종 있다. 그것은 자신들을 봐달라는 의미이기에 앞서, 남편들의 반응은 곧 평소에 그 사람이 자기를 향해 가진 감정 상태라고 해석하기 때문이다. 좋아하는 사람과 사랑하는 사람의 차이는 좋아하는 사람은 그 사람에 대해 아는 것이 많은 것이고, 사랑하는 사람은 그 사람에 대해 알고 싶은 것이 많은 것이라는 말이 있다. 이 말을 들은 적이 없는 여자라도 이 말대로 믿는 것이 여자들의 본능적인 태도이다.

여자는 충고나 상관하려는 의도가 아니고 오직 자신을 더 잘 이해하고 알기 위해서 묻는 진지한 물음에 감동하고 깊이 감사하게 된다. 여자는 남자가 간섭과 명령을 통해 억압하고 통제하는 것에 대해 원망을 갖는다. 또는 이와는 정반대로 매사를 여자에게 맡기고 따르기만 하는 남자를 여자들은 못 견뎌 한다. 늘 여자의 의견을 존중하는 것처럼 보이는 남자 곁에 의외로 불평 심하고 잔소리 많은 여자가 있는 것을 종종 보게 되는 것은 바로 이 때문이다. 아무리 직설적이고 남자 같은 특성을 보이는 여자라고 해도 한편으로는 여성스럽고 싶은 욕구가 있다. 남자가 매사에 수동적이고 사사건건 여자가 앞장서서 행해야 하는 관계 속에 있는 여자는 사소한 일에도 쉽게 자극을 받고 화를 내기 쉬우며 남자가 어디까지 그런 식으로 가는지 한계를 시험하는 것 같은 심한 바가지를 긁게 된다. 그런 여자에게 멋있는 남자가 갖추어야 할 조건을 묻는다면 능력 있고 적극적인 남자를 추천할 것이다.

여자에게 멋있는 남자는 또한 여자에게 나름대로의 영역을 인정해주는 남자다. 상대방에게 시간상으로나 공간상의 여유를 허락하는 것은 성숙한 사람만이 할 수 있는 일이다. 상대방을 한 인간으로 존중하는 마음이 없이는 자기가 관여되지 않은 영역을 허락하기가 어렵다. 남자로부터 감정적으로나 신체적으로 또는 언어상의 폭행과 학대를 경험한 적이 있는 여성들은 간섭을 받지 않아도 되는 환경 자체를 더 할 수 없는 감사와 행복으로 표현하는 것을 종종 목격하게 된다. 다양한 사람들을 만나고 그들의 이야기를 들어오면서, 참으로 멋있는 사람은 다른 사람을 자기의 의지대로 재단(裁斷)해서 맞추려 하기보다는 있는 그대로 편안하게 받아들이고 존중해 줄 수 있는 사람이라는 확신을 갖게 되었다.

5. 남자에게 매력적인 여자

한눈에 반한다거나 사랑에 빠지게 되는 사람들의 이야기를 많은 영화나 드라마 또는 노래에서 주제로 삼는 것을 보게 된다. 그런가 하면 평생 한 번도 사랑을 경험하지 않고 사는 사람도 있다. 남자들이 사랑에 빠지게 되는 경우에 있어 그 상황이나 조건이 여자들과는 많은 차이를 보인다. 남자들은 일생 동안 평균 여섯 번 사랑에 빠진다는 통계가 있다. 평생 한 번도 사랑에 빠지는 경험을 못해 보고 살다 가는 사람이 있는 반면 어떤 남자들은 여섯 번을 훨씬 웃도는 횟수로 사랑에 빠지는 경험을 한다는 것이다. 또한 사랑에 빠지는 남자들의 절반에 가까운 사람들은 첫눈에 반한 경우라고 한다. 남자들은 보통 7초 안에 관심을 가질 만한 여자인지 아닌지가 결정된다고 한다.[14]

작가인 우드로우 와이엩(Woodrow Wyatt)은 일반적으로 남자는 눈을 통해 사랑에 빠지고 여자는 귀를 통해 사랑에 빠진다고 한다. 이로써 남자들이 여자들의 외모를 매우 중시하는 현상이 설명이 된다. 매력이란 환상을 자극시키는 능력이라고 정의를 내린 사람이 있듯이 보기 좋은 몸매와 얼굴이 남자의 환상을 자극한다고 볼 수 있다.

결혼을 위해 상대를 구할 때 남자는 외모에 95%의 비중을 두며 지적 능력이나 교육 정도, 교양미, 긍정적이고 행복한 사람 등의 조건은 나머지 5% 안에 들 정도로 외양적 요소를 중시한다고 나타나고 있다. 또한 남자들은 나이가 들수록 젊은 여자들을 선호하게 되는데 인류학자들은 이를 남자들이 자신들의 능력을 과시하기 위해서라기보다는 종족 본능에 따른 자연적인 성향이라고 밝히고 있다. 남자가 자신의 나이와는 상관 없이 대체로 건강하고 좋은 몸매와 생산성이 있는 나이의 여자에게 매력을 느끼는 것은 원시시대 이래로 후손을 널리 퍼뜨리고자 하는 무의식적인 바람과 연관이 있다는 것이다. 이런 남녀의 차이를 증명하기라도 하듯이 주위를 둘러보면 재혼을 하는 경우 여자들은 비슷한 연배의 사람들을 구하나 남자들은 한결같이 자신의 연령에 비해 훨씬 젊은 여자들을 구하는 것을 흔히 목격할 수 있다.

남자는 또한 자신이 희망하는, 혹은 되고자 하는 남자의 상으로 자신을 인정해 주는 여자를 매력 있다고 여긴다. 통솔력이 있고 지도력이 있는 사람이고자 하는 사람은 자신의 처지와는 비록 관계가 없을지라도 자기 자신이 상대방 여자에게 통솔력과 지도력이 있는 사람으로 인정된다고 느낄 때 그 여자를 좋아하게 된다. 즉 자신을 잘생겼다고 믿고 싶어하는 남자는 여자가 자신을 잘생긴 사람으로 인정해 줄 때 그 여자를 좋아한다는 것이다. 대부분의 여자들 특히 아내들은 이 대목에서 남자가 매력 있게 여기는 것과는 반대의 역할을 하는 경우가 많다. 남편이 원하는 유형의 사람으로 인정해 주고 격려하기보다는 되도록 그들이 각자의 분수를 파악하게 하는 데 바쁘기 때문이다.

분수는 스스로 파악할 때만 의미가 있다. 당사자가 모르는 단점이나 부족된 점을 남이 지적하게 되면 결국 비위를 거슬리는 일이 되기 쉽고, 바른말하는 사람에 대해 원망이 생겨날 수 있다. 남편이 자신의 분수를 파악하기를 바라는 마음에서 건넨 정확한 지적 때문에 아내는 그 남편에게 정 떨어지는 여자가 되고 마는 것이다.

　남자는 자신을 존경해 주고 칭찬해 주는 여자를 매력 있다고 여긴다. 남자가 여자에게 질문하거나 불평하는 말은 여자의 경우처럼 당신이 나를 사랑하는가를 묻는 말이 아니고 얼마나 존경하느냐를 묻는 말인 것이다. 남자들은 흔히 "당신이 나를 무시하잖아"라는 말로 포문을 여는데 이것은 바로 존경하지 않는다는 불만의 다른 표현이다. 남자들이 가진 경쟁 심리와 책임감은 한편으로 그들에게 매사에 자신들의 판단이나 행동이 옳고 가장 적절해야 한다는 허영과 부담감을 동시에 갖게 한다. 따라서 자신들이 가고 있는 길이 틀렸음을 인정하거나, 그러므로 도중에 누군가에게 도움을 청해서 길을 묻는다는 것은 이미 단순한 사건이 아닌 것이다. 자라면서 항상 씩씩하고 용감할 것을 권유받아 온 남자들은 설사 소심하고 내성적인 천성을 가졌다 해도 여자들의 보호나 안내를 편안하게 받아들이지 못한다. 여자들이 별 뜻 없이 제시하는 이견이나 대안에 대해 남자들은 자기를 인정하지 않고 무시하는 데서 나온 것으로 간주하고 기분 나빠 하는 것도 같은 연유에서이다.

　남자가 가장 싫어하는 유형의 여자는 마음에 쓴 뿌리가 있는 여자다. 지나간 일을 들추어서 비난하고 조근조근 따지는 것은 바로 마음에 원망이 있다는 증거이며, 남자는 이를 감당해내지 못하고 피하거나 그 여자로부터 아예 도망치기를 꿈꾸게 된다. 여자들이 어떤 상황이나 일과 관련해서 남자를 설득하거나 예를 들기 위해 지나간 일을 언급하게 되는 일이 많다. 그러나 남자들은 여자들이 과거의 일을 되살리면 예를 들어 설명하는 것으로 이해하기보다는 지나간 일을 다시 거론해서 따진다고 생각하기 마련이다. 맺힌 것은 풀어야 하는 것이나 방법상의 차이를 아는 것이 중요하다. 정 떨어지는 여자가 되면서까지 따질 일이란 이혼 법정에서나 필요한 일일 것이다.

넷. 결혼에 대한 이해

단순명료하게만 들리는 남녀간의 결혼에 대한 기대와 만족감이 생활 속에서는 다양한 차원에서 오해와 갈등을 빚는 근원이 되기도 한다. 특정한 인간 관계를 발전시키기에 앞서 자신이 가진 고유한 성향이나 필요한 내용이 무엇인지를 파악하는 것은 매우 중요하다.

넷. 결혼에 대한 이해

    현재 미국을 비롯한 많은 나라들에서 두 쌍 중 한 쌍은 이혼하는 통계를 보이고 있다. 미국 인구의 사 분의 일에 달하는 사람들이 두 번 이상의 이혼을 경험하며 중생(重生)의 경험이 있는 기독교인들 가운데서도 삼 분의 일 이상이 이혼하는 것으로 나타나고 있다. 이혼이 드물던 시절이 작금의 상황보다 더 결혼생활이 원만했다고 볼 수는 없다. 그렇게 말할 수 있는 근거는 바로 사람들이 가졌던 결혼에 대한 이해의 차이다. 어느 시대를 막론하고 과거를 미화하는 경향이 있는 인간의 눈에는 당대의 상황이 과거 그 어느 시대보다 문제투성이며 암울한 시대라고 보여지곤 했다. 고대 그리스에서는 아내들의 도덕적인 타락을 불평하는 경우가 많았고 고대 로

마인들도 이혼율이 높은 것을 한탄하는 문서들을 많이 남겼다.[1] 전반적으로 시대나 문화의 차이를 막론하고 결혼 관계 속에서의 문제나 불안정함이 당대에 가장 악화된 듯이 간주되고 있었음을 발견하게 된다. 에이미 케일러(Amy Kaler)는 옛날에 더 이상적인 결혼 생활이 영위되었다고 상상하는 사람이 있다면, 이는 그가 자신의 삶이 어떤 측면에서든 불만족스럽다는 것을 표현하는 방법일 뿐이라고 말했다.[2] 결혼에 관한 한 역사상 어느 시대도 황금기라고 할 만한 때는 없었다.

 이혼하는 이유의 대부분이 부부 사이에 애정이 없다는 것을 근거로 한 성격의 차이나 배우자의 외도인 것을 고려할 때 결혼이 갖는 본질적인 의미에 대해 생각해 볼 필요가 있다. 결혼에 대한 너무 큰 기대치와 잘못된 믿음은 현실의 문제를 더 침소봉대하게 하고, 자신의 처지를 더욱 불만족스럽게 여기게 되는 이유가 될 수 있다. 존 피셔에 따르면 결혼의 성공 여부는 맞는 사람을 발견하는 데 있지 않고 자기가 결혼한 사람에게 적응할 수 있는 능력에 달려 있다는 것이다.[3]

 보다 긍정적인 부부 관계의 형성과 결혼에 대해 보다 다양한 의미와 책무를 고려하기 위해서 고대 동·서양인들의 결혼에 대한 이해, 결혼의 본질의 시대적 추이, 애정 표현에 대한 각 문화적 입장, 현대 남녀가 결혼으로부터 원하는 것은 무엇이며 남녀간에 어떤 차이를 보이는가 하는 점에 대해 살펴보고자 한다.

1. 고대 동·서양인들의 결혼에 대한 이해

결혼 제도는 인간 사회에만 있는 사회적인 발명품이다. 결혼은 사회에서 성적인 관계와 자녀의 출산을 고무하고 인정하는 하나의 인간 관계라고 보여진다. 남녀 관계에 애정이 언급되기 시작한 것은 중세에 나타나기 시작한 현상이었으며, 특히 결혼에 있어서 사랑이라는 개념이 섞이기 시작한 것은 불과 백여 년 안팎의 일이라고 보여지고 있다.

고대 이후로 결혼은 경제적, 사회적, 정치적인 이유로 인해 정해지는 경우가 다반사였고, 그로 인해 엄격한 규율이 적용되는 제도가 되었다. 결혼이 성사되는 형식에 있어서는 문화에 따른 현격한 차이가 있었다. 결혼이 합법적인가 아닌가는 사회마다 그 평가의 기준이나 비중이 달랐다. 고대 로마 사회나 카톨릭 교회에서는 동거와 합법적인 결혼의 차이는 함께 사는 사람들이 어떤 의도를 가지고 살고 있는가에 따라 평가되던 문제 이상은 아니었다.[4] 어떤 사회에서는 남녀가 단 둘이 음식을 먹고 있으면 결혼한 사이로 간주되었다. 스리랑카에서는 여자가 한 남자를 위해 요리를 하는 것이 그 남자와 결혼한 사이를 증명하는 증거였다고 한다. 따라서 그 나라에서는 여자가 남자를 위해서 더 이상 요리를 하지 않는 것은 그 결혼이 끝났음을 의미하는 일이기도 했다. 뉴기니아의 그루람바라는 곳에서는 남녀가 음식을 함께 먹는 것은 성관계를 갖는 일

과 동일시되었다고 한다.[5]

  수천 년에 걸쳐 결혼은 개인적인 감정적 만족감보다는 재산이나 정치와 관련된 사항이었다. 결혼이 경제적, 또는 정치적인 거래였음을 보여주는 사례는 역사상 무수히 많다. 그 가운데 낭만적인 사랑으로 비춰지기도 한 클레오파트라와 안토니의 관계도 애정 문제보다는 정치적인 술책에서 나온 것이었다. 이집트의 황제였던 클레오파트라의 아버지는 서거하면서 당시 17세였던 클레오파트라와 10세 된 자기 아들 남매가 서로 결혼을 하고 공동으로 나라를 치리하게 했다. 클레오파트라는 동생이자 남편과 살고 있으면서, 시저를 만나 시저의 아들을 낳았다. 일 년 후에 남편이자 동생인 프톨레미 8세가 죽자 프톨레미 9세와 결혼했으나 불과 몇 년 후, 같은 해에 두 번째 남편도 죽고 시저도 암살되는 일이 일어났다. 그리고 일 년 안에 클레오파트라는 다시 안토니에게 쌍둥이를 낳아 주었다. 클레오파트라와 마크 안토니는 그들의 관계를 이용해서 나라를 얻으려고 했던 것이다. 안토니는 이후에 라이벌이었던 옥타비아의 여동생과 결혼을 해서 두 딸을 두었음을 알 수 있다.

  이집트와 로마에서와 마찬가지로 많은 유럽 국가들이 정략적인 결혼을 통해 정치적인 타협이나 이해 관계를 맺어갔던 것은 누구나 익히 알고 있는 역사적인 사실들이다. 영국의 헨리 7세는 1501년 스페인의 공주였던 18세의 캐더린과 결혼시킨 15세의 자기 아들 아더가 5개월 만에 죽자, 스페인과의 동맹은 물론 캐더린의 결혼 지참금 200,000두캣(ducat)을 잃지 않으려고 12살 난 아들 헨리와 다시 결혼을 시켰다. 20세에 영국왕으로 즉위하여 앤 볼린과의 결혼으로 1000일의 사랑이라는 영화의 주인공으로 알려지기도 한 헨리 8세는 생전에 2명의 아내를 처형해 가면서 6명의 아내와 결혼을 했던 파란만장한 왕이기도 하다.

 고대의 서민들은 결혼이 생존과 관계된 일이었으며 애정에 기반을 두고 배우자를 선택하는 것은 하층 계급에서나 있던 일이었다. 우리나라의 역사에도 남녀상열지사가 가능하고 그에 따라 남녀 관계가 이루어지던 층은 평민이나 그보다 낮은 계층이었음을 알 수 있다. 양반 계층에서는 비슷한 집안끼리 엮어지고 정치적인 의도로 혼인이 이용되었던 것은 흔히 예로 들 수 있는 역사적인 사실이다. 신분 계층에 따라 결혼이나 이혼에 대한 기준은 조금씩 달랐지만, 어느 경우에도 사랑이나 성적인 매력이 우선적으로 고려되지는 않았던 것이다. 문명 초기부터 모든 문화에 걸쳐, 결혼에 있어 가장 중시되던 요소는 중하층 신분에서는 경제적인 기능이, 상층 신분에서는 정치적인 기능이었다고 할 수 있다.

2. 결혼의 본질의 시대적 추이

 역사상으로 거의 모든 사회에 나타난 결혼의 토대는 두 집안 사이의 계약이었다. 계약은 주로 재산과 자녀들에 대한 권리와 의무를 지정하는 내용이었다. 현대 사회에서도 이혼시에 소유물과 자녀에 대한 권리와 의무를 법으로 정해 놓을 정도로 중요한 요소임은 두말할 필요가 없는 사실이다. 서양에서도 18세기 산업혁명 이전에는 경제적인 측면이 가장 중요한 결혼상의 요소였다. 성경에서 모세가 이혼시에는 반드시 이혼장을 써주도록 했던 것은 쉽게 여자들을 쫓아내서 굶어 죽게 하지 않도록 보호하려는 이유였다. 전통적인 가정의 우선적인 목적은 다음 세대를 이어가는 것이며, 그 세대에게 재산과 지위, 지식 등을 물려주는 일이었다.

모든 사회에는 성별에 따른 노동의 분화가 있었다. 한때 원시 공동 사회에서 모계 사회가 형성되었을 때는 가정과 사회 남녀의 분업이 이루어지지 않은 평등한 공동체였던 시기가 있었다고 인류학자들은 전하고 있다. 그러나 점차 경제 생산 수단의 발전에 따른 부의 축적이 가능해지면서 부의 사유화가 이루어지고 가정 내에서 남자에게 중요한 위치를 부여하고자 하는 경향과 아울러 상속 순위를 정하는 과정에서 가부장제가 발달하게 되었다. 성별에 따른 노동의 분업화로 남자들은 먹을 것을 구해 오고 여자들은 집안에서 이를 저장하고 음식을 장만하는 역할을 하게 되는 경제 구조의 변화 과정에서 여성들의 지위 또한 남성들보다 하위에 속하는 구조가 형성되었던 것이다.

바람직한 아내의 상으로는 미모보다는 튼튼한 몸매의 잠재적인 노동력이 고려되었는데, 아내를 선택하는 것은 곧 가장 중요한 일꾼을 고용하는 것과 같은 일이었다. 성경의 잠언 31장에는 이런 맥락에서 현숙한 아내에 대한 항목이 자세하게 적혀져 있다. 즉 부지런히 손을 놀려 베를 짜고 양식을 구하고 일찍 일어나 요리를 하며 제 손으로 벌어 포도원을 사들이는 억척 살림꾼의 모습이다. 이상적인 아내의 상으로 아름다운 용모보다는 억센 두 팔과 힘과 위엄이 나타나는 외모가 중시되는 것은 경제성과 실질적인 생활인으로서의 측면이 중시되었음을 보여주는 내용이다.

　유럽 사회에 낭만적인 사랑에 대한 개념이 나타난 것은 13세기 무렵에 남부 프랑스 및 북부 이탈리아 등지에서 활약하던 음유시인들에 의해서였다. 그러나 이들도 결혼한 사람들 사이에서의 사랑은 불가능한 것으로 배제시키고 있었다.[6] 당시 유럽의 귀족층에서는 외도나 불륜이 가장 고도의 애정행각인 양 받아들여지기도 했다고 한다. 18세기 독일의 의사 하나는 결혼한 100쌍 가운데 한 쌍 정도가 행복한 결혼 생활을 영위한다고 기록을 남기고 있다.[7]

　결혼의 형태에 있어서도 유럽 국가들에서는 16세기에 이르기까지 구체적인 형식이나 요구되는 사항이 없었다. 두 사람이 결혼한다고 정하는 것으로 결혼이 성립되었으며, 결혼 의식이나 증인이 필요하지 않았다.[8] 18세기에 이르러서도 애정 문제는 결혼을 고려함에 있어 별다른 영향을 미치는 요소가 아니었으며, 사랑이 넘치는 결혼이란 전형은 존재하지 않았다.

교회가 결혼 예식에 관여하기 시작한 것은 16세기경부터이며 결혼을 차츰 가정적인 행사로부터 교회적인 행사로 부각시키게 되었다. 마침내 1560년대에 들어 그동안 허용되어 온 이혼을 금지한다는 법을 트렌트 공회에서 공포하였다.[9] 이혼 금지 조항의 설립은 이혼에 관한 역사상 첫 번째의 개혁이었다. 결론적으로 말하면 모든 역사상에 나타난 결혼의 역사는 본질적으로 하나의 계약인 것이다.

결혼에 애정 문제를 부각시킨 것 또한 놀랍게도 교회의 지도자들이었다. 그리스도와 교회의 관계를 신성한 결혼 서약으로 비유하면서 결혼을 성스러운 의식으로 강조하기에 이르렀던 것이다.[10] 신교에서는 카톨릭 교회에서 강조해 온 독신주의보다는 결혼을 중시하고 인생을 살아가는 데 가장 좋은 길임을 널리 알리게 되었다. 종교 개혁자들은 경제나 정치적인 힘을 고려해서 주선되는 결혼을 신랄하게 비판하고 애정이 있는 결혼 생활을 강조하였다. 카톨릭교에서 결혼은 일곱 가지 성스런 예식 가운데 하나로 신성시되었는데, 마틴 루터의 종교개혁 때 부정되었다. 종교 개혁자들은 또한 결혼이 신성한 의식이라는 어떤 성경적인 근거도 없으며 구원에 필요한 행위도 아님을 강조했다. 이로써 이혼은 불가한 행위가 아니며 결혼은 하나의 사회 계약이라는 사실이 재차 인정되기에 이르렀다. 신교의 종교 지도자들은 결혼을 자녀를 출산하고 성적인 욕망을 해결하며 서로를 돕는 삶의 동반자로서의 계약으로 이해했다. 따라서 결혼은 배우자의 외도나 무관심에 따른 문제가 있을 경우 이혼이 허용되게 되었으며 이로써 이혼 문제는 다시 새로운 국면을 맞게 되었던 것이다.

여성들이 남성들에게 종속되던 산업화 이전의 유럽의 결혼 제도는 엄격한 의미에서 경제적인 목적의 계약이었다. 18세기 초 산업혁명으로 부모들을 떠나 직업을 얻게 되는 젊은이들의 혼전 임신이 현저하게 증가되면서 서양 역사에 성적 혁명이 일어나게 되었다. 산업혁명 이후로 19세기에서 20세기에 이르러 점차 성별에 따른 경제적 의존도가 줄어들게 되면서 전통적인 결혼의 토대가 흔들리게 되었으며, 결혼에 낭만적인 사랑이라는 요소를 고려하게 되었다. 1789년 프랑스 혁명의 영향으로 전통적인 결혼에 대한 의식적인 변화가 일어나게 되면서 결혼은 자유로운 사회계약으로서의 성격이 강화되게 되었다. 결혼에 있어 낭만적인 기대감과 동반자 의식이 강해지면서 결혼에 대한 실망감도 증가하게 되었다. 19세기경에 이르러 이혼을 할 수 있는 근거가 더 확대되었고 이혼의 과정이 더 쉬워져갔다.[11]

19세기 중반부터 20세기 초반에 이르면서 미국과 유럽 국가의 이혼율은 네 배 가까이 증가되었으며 결혼을 위해 사귀고 교제하는 기간이 점점 중요시되었다. 이성에 대해 호감을 나타내고 교제하는 기회가 늘어 가면서 화장품의 개발과 판매에 따른 수입도 기하학적으로 증가되었다.[12]

우리나라의 경우에도 결혼은 어디까지나 중매를 통해 개인보다는 집안의 일로 성사되던 행사였다. 결혼에 애정 문제가 떠오르기 시작한 것은 개화기에 여성들이 교육을 받아 소위 신여성들이 등장하면서 표면화되기 시작했다고 볼 수 있겠다.

이상에서 대략 살펴본 것처럼 서양에서는 어느 시대에나 애정이 결혼생활의 중요한 요소였다고 보는 시각은 잘못된 것임을 알 수 있다. 산업혁명에 이어 피임약이 보급되기 시작한 1960년대를 두 번째의 성의 혁명 기간으로 보고 있다. 섹스가 공공연한 화젯거리로 등장하게 됨과 동시에 섹스는 누구에게나 즐길 만한 것이면서 재미있고 또한 원할 때 가능한 일이어야 한다는 의식이 보편화되기 시작했다.[13]

이 무렵에 시작된 민권 운동과 함께 여권 신장 운동이 일어나게 되었다. 피임약과 성별에 차이를 두지 않는 직업의 확장으로 여성들의 경제력이 향상됨과 아울러 여성과 남성이 평등하다는 인식이 퍼지게 되었으며 당연히 남녀의 관계에도 혁명적인 변화가 일어나게 되었다.

인류 역사상 처음으로 결혼이 단순한 성이나 경제적인 생존 문제와 관련 없이 고려되는 단계에 이르게 되면서 결혼 생활의 중요한 요소로 애정 문제가 등장하게 되었다. 오늘날에 있어 좋은 결혼이란 남녀가 동반자 관계에서 경제적인 안정과 만족스런 성생활을 영위하면서 서로의 발전을 저해하지 않는 관계로 평가되고 있다.

그러나 결혼의 만족도와 관련된 조건과 요소는 남녀간에 현격한 차이를 보인다.

3. 애정 표현과 문화적인 시각

인류 역사상 남녀간의 애정 문제는 고무되고 장려되기보다는 위험시되고 오히려 피하게 했던 문제였다. 동·서양의 문화권에서 공히 결혼에 애정적 요소를 중시한 사회는 찾아보기 어렵다. 대가족제도였던 우리의 전통 사회에서는 부부간의 애정은 물론 어른들 앞에서는 자신의 자녀를 예뻐하는 행위도 삼가도록 충고를 받는 상황이었다. 고대 인도인들은 결혼 전에 사랑에 빠지는 것은 반사회적인 행위로 보았으며 중국인들도 부부간의 과도한 애정은 가족의 유대를 해칠 수 있는 위협적인 요소로 간주하였다.[14]

그리스와 로마의 철학자들은 아내에게 과도한 애정 표현을 하는 남자들은 바람둥이 취급을 하였다. 플루타르크는 다른 사람들 앞에서 자기 아내에게 키스를 하는 것은 불명예스러운 일이라고 단언했다. 따지고 보면 사랑에 대한 고대 서양인의 이해 자체가 현대인들의 생각과는 현격한 차이가 있었다. 플라톤은 사랑은 남자들이 영예롭게 행동하게 하는 훌륭한 감정이며, 남자들 사이에서 일어나는 감정이라고 믿었다. 뿐만 아니라 여자에게 사랑을 느끼는 남자는 천한 남자라고 비웃기까지 하였다.[15] 그리스와 로마의 철학자들은 다같이 자기 아내를 정도 이상으로 열정적으로 사랑하는 남자들을 간통한 간부 취급을 할 정도였다.

  카톨릭과 신교 신학자들은 부부간의 지나친 애정은 우상숭배에 해당하는 죄를 짓는 행위라고 주장하기도 하였다. 초기 기독교인들은 결혼이 영적 구원을 얻기 위해 엄격한 극기를 하는 데 방해가 된다고 믿었으며 가능한 한 수절을 할 것을 권유하기도 하였다. 성 오거스틴은 음란한 행위를 하는 것보다는 결혼하는 것이 나으나 결혼 관계에서도 성생활은 자녀 출산을 하기 위해서만 행하도록 권하고 있다. 그는 더 많은 이들이 결혼을 자제하고 출산을 하지 않는다면 하나님의 나라가 더 빨리 도래할 것이라는 의견을 피력하기도 하였다. 16세기 트렌트 공회에서는 독신주의 생활보다 결혼생활이 더 낫고 행복한 생활이라고 믿는 자는 저주를 받아 마땅하다고 공언하였다. 중세에는 결혼과 사랑을 표현하는 문장은 간통을 의미하는 것과 비슷하게 간주되었기 때문에 애정을 다룬 시나 문학 작품이 드물었다.

  18세기 수상가 몽테규는 자기 아내와 사랑에 빠져 있는 남자는 아둔하기 짝이 없는 남자이며, 그런 남자는 다른 어떤 사람으로부터도 사랑받을 만한 사람이 아니라고 보았다.[16] 그리스나 중세 유럽에서는 상사병은 비정상적인 일로 비춰졌다. 1789년 프랑스 혁명을 계기로 결혼이 자유롭게 선택된 개인간의 계약이라는 개념으로 이해되기 시작하면서 전통적인 결혼관에 근본적인 변화가 일어나기 시작했다. 이어 영국의 산업혁명으로 산업자본주의적인 사회로 변화해 가면서 자유로운 감정 표현이 가능해지는 시대로 옮겨가게 되었다.

4. 만족한 결혼에 대한 남녀의 근본적인 차이

결혼이 경제적이고 사회적인 요소가 반영된 계약의 하나라는 점은 이미 위에서 살펴보았다. 서양 역사상 전통적인 결혼이 유지되었던 것은 19세기까지라고 할 수 있다. 전통적인 결혼에서의 부부 간이나 부모와 자녀 간의 관계는 대부분의 가부장적인 사회에서 보여지는 특징이 나타나고 있다. 대부분의 남편들이 아내들을 함부로 대하고 폭력을 행사할 뿐 아니라 필요할 때마다 아내에게 육체적인 관계를 요구했으며, 그러한 요구가 사회적으로도 당연시되었다. 아내들에게 있어서 섹스는 즐거움을 느끼게 하는 행위이기보다는 의무적인 차원에서 치러야 할 부담인 경우가 대부분이었다.[17] 전통적인 결혼 생활에 있어서 애정은 보너스 같은 것이었다. 있어도 그만, 없어도 어찌할 수 없던 요소였다.

18세기 경제학에서 산업혁명으로 불리어지던 시기는 제1차 성(性)의 혁명이 일어난 시기였다. 일자리를 찾아 고향을 떠나 도회

지에서 생활을 하게 된 젊은이들 사이에서 혼전 임신과 출산이 크게 증가된 시기였다.[18] 이어서 1960년대에 피임약이 개발되자, 소위 제2의 성의 혁명이 일어났다. 사실상 피임을 가능하게 한 것은 찰스 굳이어(Charles Goodyear)가 고무를 경화시키는 방법을 발명한 이후 1920년대에 들어 라텍스 콘돔이 생산되기 시작할 때부터였다.[19] 자녀를 낳기 위해서가 아니고도 성관계를 갖는다는 인식이 보편화되기 시작하고, 일부에서나마 여자의 성적 평등성이 수용되게 되었다. 취업으로 여자들의 경제적 자립이 가능해지자, 역사상 처음으로 결혼은 더 이상 섹스나 생존을 위한 필수적인 수단이 아니게 되었다.

20세기에 이르러 부부의 정절이 다같이 요구되는 일부일처제 제도의 정립과 여권의 향상으로 현대의 남녀에게 있어 결혼은 역사상 어떤 때보다도 많은 요구가 충족되어져야 하는 제도가 되었다. 의학의 발달과 생활 환경의 개선으로 사람들의 수명이 연장되면서 평생을 함께 사는 배우자에 대한 의미와 기대치도 변해 왔다.

결혼은 언제라도 마음을 털어놓을 수 있는 가장 절친한 친구, 만족스런 성생활의 파트너, 재정적인 필요를 채워 주는 공급자, 감정적인 충족을 주는 영혼의 반려 등 삶에 필요한 모든 것을 한 사람의 배우자와의 사이에서 모두 충족시켜야 하는 엄청난 기대의 장이 된 것이다.

사람들이 추구하는 만족한 결혼을 위해 필요한 것에 관한 항목은 모든 사람의 대답이 엇비슷할 수 있다. 너무 쉬운 시험 문제가 나오면 자신 만만해져서 거침없이 답을 쓰고 나가는데 바빠서 뒷장에 나와 있는 문제는 들쳐 보지도 않은 채 시험장을 떠난 경험을 해본 적이 있을 것이다. 데이트나 결혼 상대를 정할 때도 비슷한 문제가 발생할 수 있다. 서로 인생의 관점·취미·취향 등을 묻고 대답하고 난 뒤에 서둘러 서로 비슷하다는 결론을 짓기 쉽다. 그러나 정작 문제가 되는 것은 항목의 일치에 있는 것이라기보다는 그들의 서열에 있다. 종이 한 장에 열거된 사항은 서로 일치할 수 있다. 즉 여가 활용란에 여행·음악 감상·영화 감상·독서·스포츠 관람·정원 가꾸기 등을 써놓았다고 치자. 두 사람의 목록이 거의 일치하였다면 둘이는 서로 잘 어울릴 수 있는 사람들이라고 믿게 될 것이다. 그러나 그런 활동이 이루어지는 조건이나 상황인 언제 어디서 누구와 무엇을 어떻게 왜라는 조건까지 맞추어 보지 않는 한 아무런 의미가 없다는 것을 고려해야만 한다. 어디에 우선권을 두느냐에 따라 모든 일이 천양지차로 달라질 수 있기 때문이다. 일상의 일에 대해서뿐만 아니라 행복한 결혼을 위한 요소들에 있어서도 남녀간에는 무엇을 중시하는가에 있어 현격한 차이를 보인다. 윌라드 할리(Willard F. Harley Jr.) 박사는 행복한 결혼을 위한 요소와 그 우선적인 순서가 남녀 사이에 큰 차이가 있다고 밝히고 있다.[20]

5. 행복한 결혼을 위한 요소와 그 우선 순위

여자	남자
애정 표현(affection)	성적 만족(sexual fulfillment)
대화 (conversation)	취미가 같은 동반자 (recreationsal company)
정직/신뢰성(honesty/openness)	매력 있는 외모(attractiveness)
재정적인 충족(financial support)	평화로운 가정(domestic support)
가정적 충실(family commitment)	칭탄(稱歎, admiration)

이상에서 보여지듯이 결혼의 만족도에 대한 남녀의 차이는 곧 결혼에 있어서의 남녀간의 기대와 추구가 다르다는 것을 의미한다. 오늘날에 있어서 대부분의 사람들이 기대하는 이상적인 결혼 생활은 영혼의 동반자를 만나서 경제적인 안정과 만족한 성생활을 유지하는 가운데 각자의 성장 발전을 추구해 가는 생활이라고 요약할 수 있다.

환경에 따른 개인의 차이나 특수한 경험과는 별도로, 남녀가 가진 차이를 이해하고 남녀가 일반적으로 결혼 생활에서 원하고 기대하는 바가 무엇인지를 아는 것 또한 매우 중요하다. 결혼에 대한 기대에 있어서 여성은 가정을 이루고 배우자와 장기적으로 애정 어린 관계를 유지하면서 자녀를 양육하고자 한다. 여성들은 흔히 자녀의 복지 문제를 자신들의 인생에서 가장 중요한 문제로 삼기도 한다. 결혼에 대한 기대와 관련해서 볼 때 남성들도 여성과 비슷하나 정기적이고 만족한 성생활이 인생에서 무엇보다도 중요한 요소라고 보는 점에 차이를 보인다. 따라서 결혼에 대한 불평도 여성들은 생활상의 다양한 문제를 들어 불만족을 보이는 반면, 남성들은 대부분 불만족스러운 성생활이 기저를 이루고 있다. 결혼한 횟수와 상관없이 남편들은 배우자의 신체적인 매력에 비중을 크게 두며, 이에 따라 그와 배우자의 관계가 영향을 받는다고 한다. 아내가 다른 일로 바빠서 외모 관리를 소홀히 하는 것을 두고 자신을 무시한다고 믿는 게 남편들의 입장이라는 것을 이해하는 여성들은 많지 않다. 반면에 여자들은 자신에게 관심을 보여주지 않는 남편에 대해 자신을 무시하는 처사라고 믿게 된다.

윌라드 할리 박사의 연구에 의하면, 자신의 결혼 생활에 문제가 있다고 보는 남자들은 거의 예외 없이 성적 불만족을 우선적으로 꼽는다. 아무리 사회적으로 성공한 남자라도 성생활이 불만족스러울 경우 삶이 의미가 없다고 보는 경우가 허다하다.[21] 상담을 하다 보면 중독성 활동에 빠지는 남자들의 대부분이 성적으로 불만족한 생활을 하는 사람이라는 등식이 성립되는 것을 확인하게 된다. 중독성 활동이라 함은 다른 일을 망각하거나 도외시한 채 도가 지나칠 만큼 한 가지 활동에 몰입하는 것을 말한다. 즉 골프·마약·도박·술 또는 인터넷 등 그 종류를 들자면 한이 없다.

남자들이 꼽는 결혼에 있어서 가장 중요한 요소는 성적으로 만족한 생활이다. 남편이 기대하는 좋은 짝은 만족스럽고 규칙적인 성생활을 가능하게 하는 매력적인 아내다. 따라서 결혼 상대에게서 구하는 첫째 조건은 예쁘고 보기 좋은 외모에 있으며, 상대가 보기 좋다고 느낄 때 남자들은 감정적인 충족을 느낀다. 이상적인 결혼을 위한 조건으로 좋은 외모가 차지하는 비율이 95퍼센트이고, 그 밖에 지적 능력이나 교육 정도, 같이 있을 때 재미있고 행복한 사람 등의 요소가 나머지 5퍼센트 안에 다 들어간다고 한다. 외모에 중점을 두고 매력 있는 배우자를 가리는 남자들은 아내가 모양을 내지 않고 스스로를 가꾸지 않는 것은 자신을 무시하는 탓이라고 간주한다.

대부분의 남자가 중시하는 여자의 외모는 몸무게·얼굴 생김새·키·몸매·치아상태의 순서다. 남자들이 가장 매력 있게 보는 여자의 몸매는 히프와 허리가 10대 7 정도의 비율로 곡선 있는 몸매를 좋아한다. 남자들은 또한 하트 모양의 얼굴형에 좁고 끝이 약간 치켜진 코와 풍성한 입술 그리고 고운 살결을 선호한다. 남자가 가장 싫어하는 여자의 외양은 큰 히프·주름진 얼굴·흰 머리·짧은 다리·작은 가슴의 순서다.

남자가 보는 결혼 상대의 외모 다음으로 중요한 것은 취미가 같은 동반자이다. 여가 시간을 함께 보내면서 재미를 찾을 수 있는 배우자를 원한다. 많은 남편들이 아내에게 테니스나 골프를 가르치고 싶어하는 이유가 어디에 있다고 보는가? 실제 생활에서 활용을 하게 되든 안 하게 되든 일단은 배우자와 같은 종류의 운동이나 여가 활동을 하기를 원하기 때문이다.

남자가 무엇보다도 가정에서 기대하고 구하는 것은 평화로움이다. 이유와 내용을 불문하고 큰 소리가 나게 되고 시끄러우며 잔소리가 많은 상황을 질색한다. 아이가 생기면서 불화가 많아지는 이유는 무엇보다도 평화롭지 못한 환경 때문이라고 할 수 있다.

남자들에게 만족한 결혼 생활의 또 다른 요소는 칭찬과 찬미이다. 남자들은 매사를 경쟁적으로 하기 때문에 다른 사람과 비교될 때 열등한 위치로 평가받는 것을 견디지 못한다. 자신이 하는 일에 대해 인정을 받고 확인을 받게 될 때 보람과 더 잘하고자 하는 동기가 유발된다. 남자가 원하는 아내의 조건은 매력적인 외모에 검소하고 또한 요리 솜씨가 좋은 여자다.

여자들은 다른 사항이 만족된다면 성생활 자체는 그리 중요한 것으로 간주하지 않는다. 아내가 기대하는 좋은 동반자는 감정적으로 서로 통하고 물질적으로 충족된 생활을 할 수 있게 하는 파트너다. 애정 표현이 적절하게 곁들여지고 감정적으로 안정되게 하는 배우자를 으뜸으로 여긴다. 가장 쉽게 발견되는 애정 표현의 수단은 포옹이다. 남자들이 적절하게 하는 한 번의 포옹은 천 마디의 말보다 효과를 보일 수 있다. 그 밖에 간단한 메모가 든 카드나 꽃을 통해 마음을 전달하는 방법도 있고, 분위기 좋은 곳에서 식사를 하거나 평상시에 손을 잘 잡거나 횡단보도를 걸을 때 등이나 어깨를 감싸주는 등 보호해 주는 동작을 취하는 일이나 문을 열어 주거나 하는 등의 신사적인 태도가 모두 애정 표현으로 해석된다.

여자들이 애정 표현 못지않게 중시하는 것은 대화이다. 여자는 자기와 대화하기 위해 바쁜 일이나 일정을 미루는 남자와 쉽게 사랑에 빠진다. 말이 의사 소통의 수단이자 감정 표현의 절대적인 수단인 여자들에게 대화의 불통이나 단절은 깊은 좌절의 근거가 된다. 여자들은 또한 솔직하게 표현할 수 있는 상황을 결혼의 중요한 측면으로 여긴다.

감정적인 안정뿐 아니라 현실적인 생활에서도 안정감을 추구하기 때문에 재정적인 풍족감이 중요하고, 따라서 능력 있는 남자를 좋아한다. 재정적인 필요가 없다고 해도 남자가 여자보다 수입이 낮으면 그 남자의 매력은 그만큼 감소가 된다. 결혼 상대를 고려할 때도 호화로운 생활을 하기 위해서라기보다는 매력 있는 남자를 추구하는 의지에서 경제적으로 능력 있는 남자를 선호한다.

만족한 결혼 생활의 다른 조건의 하나로 여자들은 자신들의 배우자로 가정적인 남자를 원한다. 자상하게 마음을 써주고 집안의 소소한 일에 관심을 가지며 여자들의 머리 스타일이나 기분 변화를 감지해 내는 사람을 애정이 있는 사람이라고 보기 때문이다.

여자들은 남자의 사회적 지위나 위치가 그들의 외모보다 더 매력적인 요소로 보지만, 여자에게 호감을 느끼는 남자의 외모는 약간 사각진 얼굴에 코가 크고 건강한 살결이라는 공통점이 있다고 한다. 여자가 관심을 갖고 보는 외모의 요소로는 얼굴·머리·자태·어깨·키 등의 순서다. 여자가 싫어하는 신체적 요소는 둥글둥글하고 뚱뚱한 사람으로 배가 나온 것을 가장 싫어하며 대머리·작은 키·주름살 등의 순서로 비호감을 느낀다. 여성이 원하는 남편감은 좋은 집안에서 성장하고 야심이 있고 돈벌이가 좋은 사람이다. 거기다가 사람들이 좋아하고 또 아이들을 예뻐할 줄 알며 정직하고 사려 깊은 사람이다.

남녀가 추구하는 이상적인 결혼 생활의 환경과 조건에는 살펴본 바대로 커다란 차이가 있다. 그렇지만 남녀에게 각각 최우선적인 요소인 애정 표현과 성적 만족은 닭이 먼저냐 달걀이 먼저냐 식의 가름일 뿐이다. 남자에게 있어서도 만족되고 충족한 결혼 생활은 애정이 충만한 성생활일 때 가능한 것이며, 여자가 감정적인 안정을 느끼고 충분한 애정을 받는 생활이라고 여기면 자연스런 성적 욕구를 갖게 되기 때문이다. 예기치 않은 일과 사건들이 섞이는 일상생활에서 남녀 사이의 불화와 오해를 줄이기 위해서는 먼저 크고 작은 남녀의 차이를 이해할 때만 한 걸음씩 서로 양보를 하게 되며 어렵지 않게 타협점을 찾아내게 된다.

6. 결혼 전에 부모를 떠나야 하는 이유

다른 사람과의 새로운 인간 관계를 생각하기 이전에 반드시 먼저 고려되어야 할 사항은 각 개인의 사적인 경험과 그로 인해 갖게 된 인간 관계에 대한 개인적인 관점이다. 성경의 창세기에는 이브를 창조하고 난 뒤 하나님이 아담에게 이른 말 중에 "그러므로 부모를 떠나 둘이 한 몸을 이루라"고 하는 구절이 있다. 부모를 떠나라는 말은 어렸을 적에 부모와 경험한 일들을 어른의 입장에서 재해석해서 오해나 상처받은 기억들을 해결하고 마음에 과거의 찌꺼기를 남기지 말라는 의미로 해석할 수 있다.

부모를 향해 가진 원망이나 원한이 있는 한 다른 사람과의 관계도 원만하게 진행될 수 없다. 부모가 서로에게 가졌을 남녀간으로서의 입장이나 부모와 자녀로서의 입장이 재조명되고 다시 해석되어야 한다. 그래서 원망이나 원한이 해결될 때에만, 결혼이나 가정에 대한 부정적인 생각을 떨칠 수 있다. 따라서 결혼 전에는 당사자간의 결혼 전 상담(premarital counseling)도 중요하나 그에 못지 않게 부모와의 관계를 점검해 보고 해결되지 않은 감정상의 문제들을 점검하는 것이 매우 중요하다.

이와 관련해서, 행복한 결혼을 위해 개인들이 가진 의견을 고려할 때 잊지 말아야 할 것은 각자의 경험 속에서 고착성 필요(fixed needs)로 굳어져 있는 사항들이다. 배우자를 통해서 추구하는 각자의 필요와 기대치는 개인의 성장 과정에서 형성된 고착성 필요를 이해하지 않고는 파악될 수 없는 내용이다. 에릭 에릭슨(Eric Erikson)에 의하면 부모로부터 적절한 대우와 사랑을 경험하지 못한 어린이는 자긍심이 부족한 상태에서 자신을 하나의 잘못된 존재로 여기게 된다고 한다. 어니스트 헤밍웨이와 그의 어머니 사이의 불화는 잘 알려져 있다. 그는 일생을 두고 자신의 어머니로부터 인정받지 못했던 점을 보완해 줄 수 있는 아내감을 찾아 헤매었다고 알려져 있다. 또한 남북전쟁 직후의 미국 대통령인 율리우스 그랜트 장군은 성장기에 겪은 그의 어머니에 대한 적개심으로 대통령 취임식장에도 자신의 어머니를 초대하지 않았다고 한다. 성장기에 부모로부터 받은 대우나 부모와 어떤 관계를 가졌었는가에 따라 성인이 된 뒤의 인간 관계에 대한 관점과 기대가 결정된다고 볼 수 있다. 특히 부모와의 관계나 성장기에 목격한 부모 사이의 남녀 관계에 따라 자신의 배우자에 대한 기대나 편견, 또는 오해와 이해의 바탕이 결정된다.

사람들의 정신적인 고통이나 스트레스의 근원이 어릴 때의 경험에서 비롯되는 것을 보여주는 예는 수없이 많다. 러시아 작가인 안톤 체홉은 알콜 중독자이면서 종교적으로는 광신적이었던 아버지의 가게를 도우면서 어려움을 이겨내고 살았다. 그의 아버지가 사업에 실패한 후로는 그가 16세 때부터 일을 해서 온가족을 부양해야 했다. 그러면서도 아버지를 원망한 흔적이 없을 뿐더러 여러 편지 가운데 아버지에 대해서는 거의 언급조차 한 적이 없다. 어릴 때 잔혹하게 취급받은 것에 대한 분노 같은 것이 직접적으로 표현된 바는 없으나 그의 작품인 「아버지」에 실제적인 인물이 잘 묘사되어 있을 뿐이다. 체홉은 의사로서 30대 중반에, 유배 생활을 하는 저주받고 고통받는 사람들을 연구하기 위해 사할린에서 살기도 했으며, 결핵으로 평생 고생하다가 44세에 요절했다. 아버지와의 끝없는 다툼 가운데서 불행했던 작가로 또한 프란츠 카프카를 들 수 있다. 돈과 성공에 집착하고 몰아붙이는 식의 유태인 아버지 밑에서 성장하면서 카프카는 극도의 예민함과 두려움을 갖고 살았다. 결혼과 성에 대해서도 두려움이 있었으며 성생활에 일종의 결벽증과 임포텐스의 증세가 있었다고 한다. 어린 시절 이후로 내내 아버지에 대한 두려움과 고통 가운데 있으면서도 아무에게도 털어놓을 수 없었던 카프카는 아버지에게 보내는 편지를 써서 어머니에게 전해달라고 부탁하면서, 어머니가 자신의 고통을 이해해 줄 것을 희망하고 아버지와의 사이에서 중개자가 되어 주기를 기대해 보기도 했다. 그러나 어머니가 이에 대해 끝까지 침묵으로 일관함으로써 그의 시도는 물거품이 되고 그는 아버지로부터의 두려움에서 헤어나지 못하고 살다가 40대 초반에 결핵으로 사망하였다. 우울증을 앓다가 끝내 자살로 생을 마감한 버지니아 울프는 두 명의 이복 오빠들에게 성폭행을 당한 피해자였다. 그녀의 자매인 바네사도 마찬가지로 성폭행을 당한 처지였지만 두려움 때문에 부모에게는 말도 하지 못한 채 수 년간 성폭행을 견디며 지냈다고 알려져 있다. 버지니아 울프는 고통스러운 기억을 부정하기 위해 오히려 자신의 부모를 이상적으로 그리는 작품을 쓰거나 온가족을 다 행복하게 묘사하면서 점점 스스로 미쳐 간다고 믿게 되었다.

우리 주변에서도 흔히 부모에 대해 부끄러워하거나 원망이 있는 자녀들일수록 다른 사람들이나 친구들 앞에서 필요 이상으로 자신의 부모를 옹호하거나 이상적으로 묘사하는 것을 발견할 수 있다. 일종의 현실 부정이면서 이상화가 곁들인 것으로 결과적으로 자신들을 불신하고 혐오하게 되며 자기 혼란에 빠짐으로써 자신들을 해치는 결과를 가져오게 된다. 『잃어버린 시간을 찾아서』의 작가인 프로스트는 매사를 상관하고 통제하는 강력한 어머니의 영향력에서 벗어나지 못한 채 어머니를 노엽게 하지 않으려고 전전긍긍한 삶을 살았다. 아홉 살 때부터 앓기 시작한 천식과 걸핏하면 폐렴 때문에 고생하던 프로스트는 자신이 어머니에게 짐이 된다는 부담을 갖고 어머니의 뜻을 거슬리지 않기 위해 소심하게 지냈다고 한다. 어머니가 죽고 난 후에야 사회에 대한 그의 예리한 관찰력과 비판이 가해진 책들이 성공적으로 출간될 수 있었다는 것은, 그의 삶이 어머니와의 관계 속에서 얼마나 부자유스러운 것이었나를 증명해 주고 있다. 그럼에도 불구하고 삶의 절반을 침대에서 보내야 했던 병약한 프로스트는 그의 어머니에게 보내는 편지글에서 어머니를 염려시키는 어떤 경우를 피하기 위해서라면 차라리 아파서 누워 있는 쪽이 났다고 표현하고 있다. 비록 그의 의식은 어머니에 대한 사랑을 인지하고 의지하는 쪽이었지만 한편으로는 어머니의 지나친 간섭과 통제가 천식으로 호흡 질환을 앓는 이상으로 그의 영혼을 질식시켰다고 볼 수 있다.

서로 자기 자신은 물론 상대방이 가장 기피하고 기억하고 싶어 하지 않는 경험이나 기억들은 어떤 것인가를 이해하는 것은 매우 중요하다. 또한 서로가 인생에 대해서 가졌던 기대나 이상에 대해서도 서로에게 알리고 서로를 이해하는 것이 좋다. 사람이 필요 이상으로 민감해지고 쉽게 상처를 받게 되는 대목이 저마다 다른데, 이러한 성향은 어릴 때의 경험이나 좌절된 꿈과 깊은 관련이 있다.

남녀를 막론하고 성장 환경이 원만하지 못했거나 어릴 때 외롭게 자란 사람들은 흔히 애정 결핍의 증세를 보인다. 증세는 사람에 따라 다소 차이가 있으나 극과 극은 통한다는 말처럼 양극단의 두 경향으로 나타난다. 그 한 유형은 소원한 인간 관계형이다. 마음이 여리고 쉽게 상처받는 형인데 이를 방지하려고 사람과 가까워지는 것을 무의식적으로 피한다. 다른 사람과 진심으로 친해질 줄을 모른다. 외로움을 감수하고서라도 다른 사람을 밀쳐내는 유형이다. 감정적으로 누구를 의지하게 되는 것을 두려워하기 때문에 겉으로 보기에 독립심이 강하고 강인한 인상을 준다. 다른 사람을 마음에 담게 되면 좌불안석이 되고 참을 수 없는 상태가 되어 서둘러 관계를 깨는 파행적인 행동을 한다. 아니면 핑계를 만들어서 스스로 그 사람과의 관계를 멀게 하거나 트집을 잡아 상대방을 멀리할 구실을 찾는다. 누구와도 원하는 만큼의 거리가 지켜져야만 마음의 안정이 유지되는 까닭에 심지어 배우자나 자녀하고도 마음을 열지 못한다.

또 다른 유형은 눈 깜짝 할 사이에 정도 이상으로 각별한 관계를 형성하는 융합형이다. 애정이 고픈 탓에 자기에게 조금만 정중하고 친절하면 누구에게서나 쉽게 애정을 발견한다. 조그마한 계기를 통해서도 상대방에게 깊이 빠진다. 누군가와 절친하고 농도 짙은 교제를 해야만 마음이 안정되며 혼자가 되는 것을 극도로 두려워한다. 친한 사람과는 매사에 일심동체로 지낼 것을 기대하는 까닭에 상대방에 대한 요구 및 의존도가 비현실적으로 높다. 취미 생활부터 친구 관계에 이르기까지 만사를 함께 해야 한다고 믿으므로 상처를 쉽게 받고 관계 또한 오래 가지 못한다. 쉽게 또 다른 짝을 만나고 깨지고 하는 경향을 반복한다. 이렇듯 소원형이나 융합형의 사람은 다같이 취급주의를 요하는 사람들이다. 그러나 보이지 않게 그들에게 박힌 취급주의의 경고를 읽어낼 사람이 몇이나 될까?

상담을 해오는 동안 배우자와 문제가 있는 사람들에게서 자주 발견되는 두 가지 경우가 있다. 그 첫째는 결혼 생활을 하면서 자신이 그토록 싫어했던 부모의 행동 유형을 그대로 재연하며 사는 경우다. 관계가 좋지 않았던 부모를 보면서 아버지를 더 이해하고 어머니를 원망했던 딸이 정작 자신의 결혼 생활에서는 어머니와 비슷한 행동을 함으로써, 남편이 자신의 아버지와 같은 처지에 있게 하는 것을 스스로는 깨닫지 못하고 있었다. 둘째의 유형은 선택한 배우자가 자신이 싫어한 부모와 너무도 흡사한 경향을 가진 사람인 경우이다. 아버지에 대해 집착을 한 나머지 잔소리가 심하고 다툼이 잦아지면서 신경쇠약 증세를 가졌던 어머니를 싫어했던 아들이 결혼생활을 하면서 자신의 배우자가 자신의 어머니와 너무도 비슷한 경향을 보인다는 것을 토로했다. 처음에 만나서 데이트 하고 몇 년 간 결혼 생활을 할 때까지도 순종적이고 매사를 자신과 상의하고 의존하는 아내를 좋아했던 그는 주변 사람들에게 별 관심이 없고 심지어는 아이들에게도 아무 관심이 없는 아내가 힘들어지기 시작했다. 모든 관심이 남편의 일거수 일투족에 집중되고 차츰 캐묻고 따지는 일이 심해지면서 긴장이 생기기 시작했기 때문이다.

  단순 명료하게만 들리는 남녀간의 결혼에 대한 기대와 만족감이 생활 속에서는 다양한 차원에서 오해와 갈등을 빚는 근원이 되기도 한다. 특정한 인간 관계를 발전시키기에 앞서 자신이 가진 고유한 성향이나 필요한 내용이 무엇인지를 파악하는 것은 매우 중요하다. 같은 측면에서 상대방의 경험과 기대 사항을 아는 것 역시 불필요한 오해를 피하고 만족한 관계를 만들어 가는 데 필수적인 사항이다.

다섯. 바람기와 외도

어려움을 경험한 뒤의 관계는 결국 평소에 두 사람간의 애정이 어느 정도였는지가 관건이랄 수 있다. 뜨뜻미지근하고 매사가 타성에 젖은 채 서로를 당연시하던 태도에서 화들짝 깨어난 듯한 새로운 시각과 의지로 새롭게 시작하는 생활이 될 수 있다.

다섯. 바람기와 외도

1. 바람과 외도의 정의

인류학자인 마가렛 미드(Margaret Mead)는 현대를 사는 사람들은 누구도 어떻게 결혼 생활을 해야 하는지 제대로 아는 이가 없다고 말했다. 마가렛 미드는 이어서 현대인의 결혼 생활은 마치 지도도 없이 뉴욕에서 지하철을 타는 상황과 같아서 타고 탄 후에야 잘못된 것을 알게 된다는 비감스런 정의를 하였다.[1] 만일 서울의 모든 전철역과 전철 안에 부착되어 있는 전철 노선도를 떼어낼 경우 우왕좌왕하지 않고 목적지를 찾아갈 수 있는 사람이 몇이나 될까? 결혼 생활에 대해 아는 지식이 별로 없음을 시인하는 사람이 몇이나 될까? 두 사람이 만나서 혼인 서약하고 살면 결혼 생활이고 부부 관계는 의무보다는 권리의 차원에서 이해되는 경향이 있다.

산업혁명과 더불어 결혼의 본질과 정의에 급격한 변화가 있어 온 이후로 사람들이 결혼에 대해 가지는 이상과 기대감도 한층 더 높아져 왔다. 매사가 분업화되고 점점 세분되고 전문화가 되어 가는 사회 현상과는 별도로 사람들은 결혼에 있어서만큼은 한 사람, 즉 배우자를 대상으로 종합 예술적인 효과를 기대하고 자신의 기대가 충족될 것이라는 당연한 믿음을 갖고 있다. 여자들은 배우자를 향해 때로는 인자한 아버지처럼 포근하고 의지가 되며, 애인처럼 자상하고 달콤하고, 또는 친구처럼 친절하고 허물없이 속마음을 이야기할 수 있는 사람이기를 기대한다. 반면에 남자들은 배우자가 어머니처럼 인자하고 자신들이 하는 일은 무엇이든 자랑스럽게 여기며 최고로 인정하고 받들어 주고, 남들 앞에서는 깜찍하고 매력적인 애인이 되어 주는가 하면 심심할 때는 재미있고 유쾌한 친구 같은 대상이기를 원한다.

다니엘 부스틴(Daniel J. Boorstin)은 사람이 고통을 받는 가장 큰 이유는 자기가 가진 악이나 약점보다는 그 사람이 갖고 있는 착각 때문이라고 했다. 우리가 가진 착각이라고 하는 것은 실재하는 현실보다 우리 각자가 이미 갖고 있는 마음속의 이미지를 혼합시켜 만들어낸 가상적 세계를 현실과 구분없이 믿는 것을 의미한다. 현실에 맞지 않는 기대는 곧 착각이다. 남편에 대한, 혹은 아내에 대한 기대는 남녀의 근본적이고 타고난 차이와 성향에 대한 올바른 이해가 없는 경우 착각으로 끝나기 쉽다.

착각 때문에 원망하고 불만하고 미워하게 되는 상황을 연출하며 살다 보면 자연히 그로 인한 고통이나 외로움 때문에 뜻밖의 사람과 만리장성을 쌓기도 하고 설사 당장 만나는 사람은 없을지라도 어딘가로 떠나가서 새롭게 시작하고 싶은 엉뚱한 마음이 들 수도 있다. 바람기는 영어의 훌러팅(Flirting)이라는 말과 가깝다. 성적인 호감을 갖고 접근하거나, 마음에 드는 사람을 염두에 두고 그 사람과 대화한다거나 관심 있는 시선을 나누는 것을 훌러팅이라고 한다. 한편으로 외도는 어페어(affair)에 상응하는 단어라고 하겠다. 어페어는 외도는 물론이고 비단 육체적인 관계까지 간 것이 아니어도 모든 종류의 연애 사건을 포함한다.

우리 문화에서는 훌러팅이나 어페어 같은 현상을 바람기라고 부른다. 바람은 말 그대로는 바람의 기운이다. 비를 몰아오는 바람이 불 때는 들녘이 온통 수선스러워지는 것을 아는 사람은 바람기가 함축하는 의미를 더 잘 이해할 수 있을 것이다. 바람은 들뜨는 것이며 예측이 안 되는 것이며, 또한 오래 머물지 않는 것이 특징이라고 할 수 있다. 우리의 할머니들은, 바람은 곧 지나가는 법이라고 하시며 살다 가셨다.

장석남 시인의 시「멧새 앉았다 날아간 나뭇가지같이」에는 사람들이 가진 애매한, 그러나 절절한 동경의 바람기가 잘 나타나 있다.

내 작은 열예닐곱 고등학생 시절 처음으로 이제 겨우 막 첫 꽃 피는 오이넝쿨만한 여학생에게 마음의 닻마지기 땅을 빼앗기어 허둥거리며 다닌 적이 있었다.
  어쩌다 말도 없이 그앨 만나면 내 안에 작대기로 버티어놓은 허공이 바르르르르 떨리곤 하였는데
  서른 넘어 이곳 한적한, 한적한 곳에 와서 그래도는 차분해진 시선을 한 올씩 가다듬고 있는데 눈길 곁으로 포르르르르 멧새가 날았다.
  이마 위로, 외따로 뻗은, 멧새가 앉았다 간 저, 흔들리는 나뭇가지가, 차마 아주 멈추기는 싫어 끝내는 자기 속으로 불러들여 속으로 흔들리는 저것이 그때의 내 마음은 아니었을까.
  외따로 뻗어서 가늘디가늘은, 지금도 여전히 가늘게는 흔들리어 가끔 만나지는 가슴 밝은 여자들에게는 한없이 휘어지고 싶은 저 저 저 저 심사가 여전히 내 마음은 아닐까.
  아주 꺾어지진 않을 만큼만 바람아,
이 위에 앉아라 앉아라.
어디까지 가는 바람이냐.
영혼은 저 멧새 앉았다 날아간 나뭇가지같이
가늘게 떨어서 바람아
어여 이 위에 앉아라.
앉아라.

2. 바람둥이의 배경과 사전 예방

우리말로 바람둥이는 그 의미나 느낌이 애매모호하다. 아직 미혼인 경우 어느 정도의 관계를 맺든 그와는 상관없이 자주 데이트 상대를 바꾸는 사람에게 바람둥이라는 칭호를 쓴다. 이때는 자유분방하다는 의미 외엔 별다른 의미가 없고, 따라서 크게 부정적인 이미지도 없다. 결혼한 사람의 경우에는 바람둥이라는 말은 외도를 하는 사람이라는 뜻으로 한층 혹독한 의미의 부정적인 이미지가 함축되어 있다.

충동적으로 성관계를 가질 뿐 아니라 상대를 자주 바꾸는 난잡한 성관계는 중독 증상과 흡사하다고 볼 수 있다.[2] 섹스가 일종의 마약과 같은 효과를 위해 사용되는 경우도 있다. 즉 스트레스를 풀고 기분을 전환시키거나 복잡한 문제로부터 일시적으로 도피하기 위해 성행위를 갖는 경우이다. 대상을 자주 바꾸면서 성관계를 갖는 사람들은 단순히 성적인 욕망을 채우기 위해서일 수도 있고, 어떤 스트레스나 두려움으로부터 도피하고자 하는 행위일 수 있다. 두려움은 자기가 당시에 느끼는 외로움이랄지 실패감이랄지 걱정이랄지 하는 식의 자신의 감정에 대한 두려움일 수도 있고, 다른 사람과의 긴장 관계에서 오는 두려움일 수도 있고 무료함이나 권태감 등 무엇인가로부터 도피하려는 순간적인 충동과 관련된 것일 수 있다.

영화 〈문 스트럭(Moon Struck)〉에서 남자들이 왜 외도를 하는가 라는 질문이 나오는 장면이 있다. 질문을 받은 교수는 아마도 사랑을 느끼고 싶은 갈망과 그에 따른 흥분감 때문이거나, 혹은 가정에서 행복하지 않기 때문일 거라는 식으로 답변을 한다. 이때 질문을 한 노년의 여자가 그것은 아마도 남자들이 죽음을 두려워하기 때문일 거라고 답하자, 남자 교수가 탄복하듯이 그에 동의를 하는 대화이다. 의식의 저변에 깔려 있는 해결되지 않은 여러 두려움들이 느닷없이 의식의 표면으로 솟구쳐 오르면서 자신과 다른 사람들을 해칠 수도 있는 엉뚱한 행동을 하게 한다.[3] 외도를 하거나 도박이나 마약 같은 중독적인 행동을 하는 남자들에게서 우울증이 발견되는 경우는 아주 흔한 일이다.

바람둥이 남자의 대명사로 돈 주앙(Don Juan)이 있다. 돈 주앙은 여자들이 원하는 것을 직감적으로 파악하고 그들의 말에 경청하면서 그들이 하는 말에 공감을 표현하는 데 능숙했다고 알려져 있다. 돈 주앙의 동정적이고 다감한 태도는 여자를 존중해 주고 이해해 주며 경청해 줌으로써 여자가 마음 깊은 곳으로부터 원하고 있던 바람을 충족시켜 주기에 충분한 것이었다.[4] 여자가 마음 깊은 곳으로부터 바라는 대상은 자신을 있는 그대로 받아 주고 이해해 줄뿐 아니라 자신에게서 새로운 뭔가를 발견해 주고 자신에게서 드러나는 면들을 적절하게 해석해 주는 사람이다. 여자들은 외모에 관련된 것이든 어투나 말의 내용에 관련된 것이든 자신이 가진 것에 대해 적절한 해석과 호감을 보이는 사람이야말로 자신에게 진정한 호감과 특별한 느낌을 가진 사람이라는 증거로 여긴다. 돈 주앙은 여자들의 마음을 열게 하는 데 뛰어난 감각을 가지고 있어서 쉽게 사랑을 얻었지만, 한 여자에게 머물지 않고 곧 다른 대상을 찾아 떠날 수밖에 없는 사람이었다. 한 대상에 머문다고 하는 것은 의무와 책임을 인정할 때만 가능한 일이다. 다른 사람이나 자기 자신에 대한 확신이 있을 때만 가능한 일이기도 하다.

여자들과 원만한 관계를 맺지 못하거나 만족할 만한 여자를 찾아 방황하는 남자들은 대체로 그들의 어머니와의 관계에서부터 문제가 있는 경우가 대부분이다. 어머니와 극도로 불화했던 헤밍웨이는 이상적인 아내를 찾기 위해 여러 번의 이혼 끝에 결국은 자살로 일생을 마감한 걸로 알려져 있다. 돈 주앙이나 헤밍웨이는 무관심하고 내적으로 불안정한 어머니를 두고 있었다. 지나치게 엄격할 뿐 아니라 아이를 이해해 주려 하지 않고, 어떤 상황이나 사태에 따른 융통성이라고는 없는 상태의, 감정적으로 불안하고 위협적인 환경에서 성장하였다.

어머니로부터 충분하게 사랑을 받지 못했거나 무관심 속에 방치되거나 버림받게 될지도 모른다는 두려움을 경험하면서 성장한 사람들은 자기들이 먼저 자기를 사랑하는 사람을 버림으로써 버림당할 위험을 피하는 것으로 분석되고 있다. 결과적으로 볼 때 아이들에게 가장 잔인한 부모는 아이들이 분노나 욕구 등의 감정 표현을 무조건 억압하도록 가르치거나, 아예 내색조차 못하도록 하기 위해 엄격하게 대하고 협박하면서 감정적으로 학대하는 부모다. 즉 자꾸 울면 엄마가 도망 가 버릴 것이라고 한다거나, 한 번만 더 떼쓰고 말을 안 들으면 엿장수한테 주어 버릴 것이라고 하는 말 등이 그 예이다. 모든 인간이 가장 두려워하는 버림받고 거절당할 수 있다는 두려움을 어릴 적부터 경험하면서 자라게 되는 어린이들은 성장한 후에도 다른 인간에 대한 믿음을 갖기 어렵다.

또한 아버지가 바람 피우면 아들도 바람 피운다는 말을 두고 마치 피에 원인이 있다는 식으로 유전적인 요소를 의심하지만, 그보다는 학습된 행위로 보는 것이 옳다. 좋아하든 싫어하든 사람은 본 것을 쉽게 하게 되는데, 이를 반복 충동(repetition compulsion)이라고 한다.[5] 바람을 피우는 것뿐 아니라 가정 폭력이 대물림이 되기 쉬운 것도 이 반복 충동의 효과 때문이다. 결국 바람둥이는 단순히 성적인 문제가 아니라 경험상의 상처나 불안감에 근거가 있는 인간 관계상의 문제이며 심리적인 문제라고 볼 수 있다. 이상에서 살펴본 내용 외에도 외도하는 사람들에게서 드러나는 몇 가지 공통적인 특징을 간추려 볼 수 있다.[6] 그 첫째는 결혼 생활에서 만족감이 부족한 사람들이 외도할 확률이 높다. 둘째는 평상시 성생활이 불만족스럽다고 여긴다. 셋째는 종교생활을 하지 않는다. 넷째는 외도하는 사람들은 그렇지 않은 사람들에 비해 외도에 대해 긍정적인 성향을 가지고 있다는 점 등이다.

살다 보면 사람은 누구나 욕심이나 원하는 것이 생겨나게 된다. 사람들의 욕심은 사람들의 얼굴이나 기호(嗜好)가 다른 것만큼이나 그 종류나 색깔이 다양한데, 그 가운데서 사람에 대한 욕심만큼 고약한 것은 없다. 만약 누군가에 대한 욕망이나 욕심이 생겨난다면 사람들이 보이는 반응은 대략 두 가지 중의 하나다. 그 하나는 그 사람과 같이 할 수 있다면 얼마나 좋을 것인가를 생각하는 쪽이고, 다른 하나는 관계를 발전시킬 경우 어떤 부작용이 있을 것인가를 생각하는 쪽일 것이다. 바람기를 그치고 외도를 방지함으로써, 스스로를 절제하고 통제하기 위해서는 이성적인 생각에 초점을 맞추어야 한다. 사랑의 감정은 생각하는 습관에 의해 강화된다는 말을 앞 장에서 언급했듯이 같은 논리가 적용된다. 즉 관계를 발전시킬 경우에 그 상대방에게서 발견할 수 있는 부정적인 면을 보다 구체적으로 헤아려 보고 사회적으로나 신앙적인 측면에서 옳지 않은 측면을 심사 숙고한다. 다른 한편으로 자신의 배우자가 가진 장점과 긍정적인 측면을 되새기고 결혼 생활의 긍정적이고 바람직한 측면을 세세하게 헤아려 본다. 앨범이나 기념품 등을 다시 꺼내어 살펴보고 예전에 나누었던 시간 속의 장소나 추억거리를 되살려내어 함께 하는 생활에서 경험한 모든 긍정적인 요소들을 재고한다. 궁극적으로 배우자에 대해 느꼈던 책무와 애정을 되살리고 둘이 함께 계획하고 희망했던 생활에 대한 기대와 약속 그리고 자녀들과의 관계에 초점을 맞춤으로써 흔들리는 마음을 조절하고 바람기를 가라앉히는 노력을 하는 일이 최상이다.

3. 중년의 위기(mid-life crisis)

인생에서 어느 정도 안정된 생활이 보장되고 목적에 다다랐을 무렵이야말로 사람이 가장 취약해질 때라는 말이 있다. 바쁜 일상에서 숨 돌리고 주변을 돌아볼 만한 여유가 생기는 때가 중년기이다. 칼 융은 나이 사십을 인생의 정오에 비유하고 이 무렵에 남자와 여자가 공유하고 있는 남성성 애니마(anima)와 여성성 애니머스(animus)의 비율이 뒤바뀌는 변화가 일어나게 된다고 하였다. 중년기를 전후로 남자들은 보다 부드럽고 감성이 예민해지면서 여성화가 되고, 여자들은 보다 적극적이고 진취적인 기상을 보여 남성화가 된다는 이론이다.

사춘기의 혼란과 반란을 흔히 이유 없는 반항이라고 부르지만 사실은 호르몬의 영향으로 몸과 마음에 폭풍 같은 변화를 경험하게 되면서 겪는 혼란과 불안정함 탓이라고 밝혀지고 있다. 중년기도 사춘기와 마찬가지로 호르몬의 변화로 인해 심적인 변화를 경험하게 되는 사실과 인생을 계절로 비유하는 데서 사추기(四秋期)라고 표현되기도 한다. 또한 사춘기를 아돌레슨스(adolescence)라고 하는 것에 비해, 사추기를 두 번째의 사춘기라는 의미로 미들레

슨스(Middlescence)라고 일컫기도 한다. 성인이면서도 선택하는 복장이나 활동 또는 관심사가 십대 아이들과 흡사한 사람들은 아이와 어른을 가리키는 단어를 혼합해서 키덜트(kidult)라고 불리워지기도 한다.

사춘기와 사추기는 공통적으로 호르몬의 변동에 따른 혼란과 변화를 겪는다는 점이다. 그러나 사춘기에는 변화에 따른 불안과 스트레스가 자신의 성장이나 주변의 기대, 혹은 가능성에 대한 것인 반면에 사추기는 허무감과 정체감 내지는 죽음에 대한 불안과 관련이 있다는 것이 서로 다른 점이다.

사추기의 혼란 가운데 흔히 말해지는 바람기도 호르몬의 변화와 밀접한 관련이 있다. 인생의 내리막, 퇴화, 죽음의 구체성을 실감하게 되는 것은 연령 때문만이 아니라 신체적으로도 관절염이나 근육통 그리고 기억력의 손실 등을 경험하게 되기 때문이다. 나이에 따라 신진대사가 둔화되면서 체중과 피로감이 증가되고 편두통이나 월경의 불규칙성이 나타나기도 한다. 밤에 식은땀을 흘리거나 일과성 열감, 성욕 감퇴 등이 나타나며 극적인 감정 상태인 분노, 성마름, 비탄함 등을 경험하기도 하고 심한 우울증에 빠지기도 한다.

사춘기에 경험하는 정체성의 위기가 사추기에도 찾아온다. 살아오면서 성취한 일이나 하고 있는 일, 처해 있는 환경에 대해 재평가를 하게 되고 주변의 다른 사람들의 삶과 비교하게 되면서 자신의 인생이 제대로 된 것인지에 대한 불확실성을 경험한다. 다시 새로운 일을 시도하기에는 시간이 없다는 초조함과 자신이 감당하고 있는 역할과 책임의 자리가 헤어날 수 없는 함정으로 느껴질 수도 있다. 때로는 갑작스런 혼란과 혼동에서 벗어나기 위해 모든 감정을 억제함으로써 무미건조한 사람처럼 보여지기도 한다.

사춘기에는 목표의 설정이 중요하듯이 사추기에는 삶에 있어서의 우선권을 점검하는 것이 중요하다. 맹목적으로 젊음을 찬미하고 시각적인 것에만 가치를 매기는 문화 때문에 대다수의 사람들에게 있어 나이는 숨기고 싶어지는 허물이 되어 있다. 인생의 정오를 맞으며 외모나 신체에서 새삼 초라하고 허무한 모습을 발견하게 되고, 꿈꾸었던 삶과는 사뭇 다른 현실 사이의 괴리가 지리학적인 틈새마냥 눈앞에 구체적으로 드러날 때 사람들은 그 틈을 메꾸어 보고자 하는 욕구를 갖게 된다. 무언가로라도 채워야 할 것 같은 마음속의 혈(穴)자리가 보상심리가 웅크린 자리다. 마음의 공동(空洞)을 메우기 위해 돈·명예·교양·미모를 추구하고, 그럴듯한 연인을 통해 젊음을 확인하고자 하기도 한다.

인간의 평균 수명인 70대 중반에서 80대에 걸친 나이를 날 수로 계산하면 25,000일에서 30,000일이라고 한다. 중년은 젊음과 죽음의 양극을 실감하는 시기로써 이 양극성을 해결하려는 힘겨운 상태에서 흔히 휩쓸리게 되는 게 바람을 피우는 것이라고 볼 수 있다. 처해 있는 모든 것으로부터 벗어나고 싶은 바람과 무엇을 하든 마지막 기회일 것 같은 초조함은 중년의 바람기와 무관하지 않다.

성공이나 명예나 재력을 통해 뭔가를 증명하려고 하는 중년의 남자들은 같은 다른 것을 피하기 위해 일을 도피처로 삼는 경우가 단연 많다고 한다. 일중독(workaholic)인 사람들은 복잡한 인간 관계나 행복하지 않은 가정 생활을 잊기 위한 방편으로 일에 몰두하는 경우가 많다.

중년기에는 무엇보다도 내적 평화를 이루는 것이 중요하다. 그림자 없는 사람이 없듯 못 이룬 꿈에 대한 아쉬움이나 열등감이 없는 사람은 한 사람도 없다. 내적인 성숙과 평화는 부단한 자기 개발이나 배움을 통해 얻어지는 것이 아니다. 이는 오히려 자신이 가진 단점이나 부족한 점을 수긍하고 용납할 수 있어서 스스로를 편안하게 받아들이는 태도에 근거한다. 흔히 말해지는 중년의 위기와 우울에 대한 처방은 첫째 자신에게만 집착하기보다는 자연이나 역사에 관심을 갖고 큰 테두리 안에서 삶을 살펴보는 태도를 갖는 것이다. 그리고 죽음에 대한 두려움이나 허망함에 압도되기보다는 남아 있는 시간의 중요성에 대해 실감할 수 있어야 한다.

4. 남자의 바람과 외도

동·서양을 막론하고 전해 내려오는 이야기들 가운데는 열녀에 대한 내용이 많이 있다. 오디세우스의 아내인 페넬로페는 일편단심 모든 유혹을 물리쳐 가며 남편을 기다린 전형적인 열녀의 대명사로 알려져 있다. 페넬로페는 트로이 전쟁에 출정한 뒤 20여 년 넘게 돌아오지 않는 남편을 기다리며 홀로 아들 텔레마코스를 낳아 키웠다. 그녀는 오디세우스가 죽었다고 믿는 구혼자들로부터 시간을 벌기 위해 낮에는 베를 짜고 밤에는 이를 다시 풀어가면서 유혹을 물리쳤다. 이렇게 힘겨운 투쟁을 벌이며 살아온 그녀는 정숙한 아내의 전형이 되었다. 그런데 트로이 전쟁이 끝난 후로도 10년 넘게 신들의 노여움으로 표류할 수밖에 없었다며 오랜 세월을 보내고 돌아온 오디세우스의 항해와 방랑을 입증할 만한 다른 증인이 없었다. 일본의 작가인 시오노 나나미는 오디세우스의 이야기를 들은 후 그의 심중을 의심하는 페넬로페를 묘사하는 글을 쓰기도 하였다.[7] 오디세우스가 표류한 지중해 연안의 도시들은 풍광이 뛰어나고 온갖 산해진미가 넘치며 관능적인 곳이었기 때문이다.

집을 떠나 살던 남편이나 자주 집을 비우던 남편이 나이가 들면서 집에 눌러앉기 시작하는 현상은 삼천 년 전부터 내려오고 있는 것이라고 볼 수 있다. 섹스와 사랑을 별개로 치는 대부분의 남자들은 출장 가서 외도를 꾀하고 하룻밤의 상대를 구하는 것이 보통이다. 또한 종족 번성의 이유인지는 몰라도 동물의 수컷을 포함해서 남자들은 섹스에 관한 한 상대가 많을수록 이를 선호하는 행동 양식을 보인다. 시대와 문화를 뛰어넘어, 많고 다양한 섹스 파트너를 원하는 남자들의 성향을 쿠울리지 효과라고 한다.[8] 남자들은 한눈

다섯_바람기와 외도 **145**

에 자신이 원하는 여자인지 관심이 안 가는 여자인지를 알아보며 그런 결정이 내려지기까지는 단 7초면 된다고 한다. 7초 안에 일어나는 결정이 전적으로 외모에 관련된 것이라는 것은 두말할 필요가 없다. 남자들은 자신들의 관심도를 결정하는 데 여자들의 얼굴과 몸매만으로 충분하다. 그런가 하면 여자들은 순간적으로 호감은 느껴도 전격적으로 마음에 어떤 결정을 내리기까지는 많은 날이 소요된다. 여자들이 중시하는 것은 외모보다는 성격이나 그 사람이 가진 능력에 있기 때문이다. 결과적으로 매력 있는 외모만으로도 마음을 뺏기는 남자들이 여자들보다 바람기가 많을 수밖에 없다. 또한, 다양한 관계, 다양한 사람과의 관계를 선망하는 자체가 남자들의 바람기다.

  남자들은 또한 그들이 가진 경쟁적인 본능 때문에 위험 부담이 적고 경우에 따라서는 상대의 파트너와 관련해서 우월감을 느끼기 쉬운 상대인 유부녀에 대해 강한 유혹을 느낀다. 여자와 남자의 차이에 근거한 관점의 차이 때문에 남자들은 생각할 수 없을 만치 가볍고 하찮은 순간의 유혹에 의해 쉽게 외도를 할 수 있다. 따라서 바람을 피우고 빈번하게 외도를 하는 남자들일수록 심각하게 이혼을 고려하는 경우는 많지 않다. 남자들은 일반적으로 변화를 극도로 싫어하기 때문에 가정을 깨고 새로운 삶을 시작하는 파격적인 결정은 다른 사람의 도움이나 코치를 받지 않는 한 하기가 어렵다. 가정과 아내가 있는 남자들은 설사 진실한 마음으로 다른 여자를 사랑하는 경우라 할지라도 가능한 한 되도록 이중 생활을 영위하려고 하며, 극단의 상황에서 선택을 해야 할 경우에는 가정으로 돌아가는 경우가 대부분이다.

영어권에서는 이중 생활을 하는 남자를 케익맨(cake man)이라고 지칭하기도 한다. 케익맨은 케익 한 조각을 두고 보거나, 먹거나 할 수는 있어도 먹으면서 동시에 보존하고 있을 수는 없다는 영어 속담에서 유래된 말이다. 불가능한 두 가지를 동시에 하는 남자, 즉 이중 생활을 하는 사람을 뜻한다. 가정을 두고 있으면서 밖에서는 연인을 가지고 있는 경우의 남자를 말함이다.

통계상으로는 결혼한 남자의 80%는 외도의 경험이 있고 그 중 많은 수가 이중 생활을 영위한다. 만약 외도가 사랑 때문이라면 결단이 요구되는 일일 것이다. 일부일처제의 체제 속에서 품격을 유지하고 살려면 어느 한쪽으로든 정리를 해야만 한다. 케익맨은 결단의 필요를 느끼지 않는다. 가정을 바탕으로 하되 가정에서 채워지지 않는 욕구를 다른 여자와의 관계에서 보충하는 것이 목적이기 때문에 머리가 복잡해지는 일은 원치 않는다. 케익맨은 새 애인에게 언젠가는 가정을 정리하고 그녀와 새로운 보금자리를 꾸미고 싶다는 희망사항, 또는 지키지 못할 약속을 하지만 그 자신은 결코 그런 결정을 내릴 자신도 의지도 없다. 스스로에게 온갖 구실을 붙여 가며 자신이 가진 안정되고 안락한 여건을 포기하지 않는다. 그렇다고 새 연인을 포기할 준비도 되어 있지 않다. 이

중 생활이 어떤 이유로든 더 이상 가능하지 않게 될 때 그가 돌아가는 곳은 가정이다. 그리고 어느 정도 상황이 평정될 만하면 적절한 애인을 또 찾아내고 다시 케익맨의 자리로 돌아간다. 바람이 나는 모든 경우가 다 케익맨의 경우인 것은 물론 아니다. 만일 그것이 사랑, 순수한 열정의 것이라면 생의 우선권을 고려한 결단이 따를 것이다. 열정은 기쁨과 함께 고통을 수반한다. 열정, 즉 패션의 어원은 "고통받는다"라는 뜻의 라틴어이다. 열정은 인생에 있어 절대적으로 필요한 것에 대한 자각에서 비롯된다. 열정 있는 사람은 케익맨 같은 비겁한 사랑 놀음 따위는 하지 않는다. 고통을 기꺼이 수용하는 용기를 가지고 결단을 내리며 사는 사람은 이중 생활을 하지 않는다.

　남자들이 바람 피우는 이유는 새로운 대상에 대해 가지는 호기심과 흥분 기대에서 시작되는 경우가 많고 남자들에게 있어 외도는 일종의 새로운 게임 혹은 모험의 성격을 띠는 것으로 이해할 수 있다.

5. 여자의 바람

　화자들이 주로 남자들인 탓인지 항간에 유행하는 성에 대한 다양한 농담이나 음담패설 가운데 '여자들이 원하는 것'에 관련된 것들은 거의 맞지 않는 경우가 대부분이다. 따라서 유행어나 조크와 관련해서 다른 여자들은 혹시 정말 그런 게 아닐까 하는 의구심을 갖거나 혼란스러워하는 여자들 또한 의외로 많다. 여자의 바람기나 외도는 남자들과는 달리 섹스가 그 주제가 되는 것은 아니다. 1976년 다양한 계층의 여성 삼천 명을 대상으로 조사한 결과에 따르면 섹스만을 위해서라거나 다양한 변화를 추구하기 위해서 섹스를 원하는 여성은 단 한 사람도 없었다고 한다.[9] 여자들은 사랑하는 사이이면서 확실하게 의사 선택을 한 후에 성관계 갖는 걸 원하며, 그렇게 이루어지는 섹스에서 오르가즘을 더 많이 경험하는 것으로 나타나고 있다.[10]

여자가 어떤 대상을 근거로 성적인 관계에 관심이 생기거나 섹스를 생각하게 되기까지에는 일종의 단계가 요구된다. 대부분의 여자에게 있어 성관계는 감정적으로 가깝고 애정을 느끼게 된 사람과 나누는 친밀한 신체 접촉의 마지막 단계에 나누는 행동이기 때문이다. 여자들은 매력적인 사람을 보았을 때 그 사람에 대해 구체적으로 알고 싶어 하는 사항이 있다. 대화를 통해 그 사람의 성격이나 직업은 물론이고 그 사람이 자신과 어떻게 연관될 수 있는 사람인지를 살피면서 그 사람의 매력의 근거를 발견하고자 하는 것이다. 따라서 여자들은 남자의 눈을 중시하는데 마음에 드는 눈의 표정은 남자의 잘 빠진 몸매보다 열 배 이상의 효과를 지닌다고 한다.[11]

여자가 바람이 나는 경우는 남자들의 경우와는 달리 감정적인 유대와 정서적인 변화가 반드시 병행함으로써, 피부에 생기가 돌고 눈빛이 촉촉해지게 되는 등 신체적인 변화가 생겨난다. 여자는 대화를 통해 관계가 계속될 가능성이 있는 매력의 정도를 판단하므로 남자의 표정이나 태도에 나타난 느낌을 중요시한다. 또한 여자에게 있어 남자의 품위 있는 복장이나 사회적인 지위가 드러나는 태도 등은 매우 중요시되는 내용이다. 10퍼센트도 안 되는 여자들만이 남자의 외모만으로도 호감을 느낀다고 한다. 이성의 관심을 끌기 위해서 옷이나 복장에 신경을 써야 할 사람은 여자가 아니고 남자라는 결론이 나온다.

통계상 여자들의 40~60%가 불감증이라고 한다. 불감증이 아닌 경우에도 성관계를 가질 때 여자들이 오르가즘을 경험할 확률은 25% 정도라고 한다. 여자들은 감정 상태가 섹스와 불가분의 관계에 있기 때문이다. 많은 여자들이 사회적인 통념과는 달리, 산업혁명에 따른 인구 이동과 경제적인 변화와 1960년대부터 보급된 피임약의 영향에 따른 성의 혁명이 오히려 여자들을 불리하게 만들고 있다는 입장을 견지하는 이유도 여기에 있다. 구애나 구혼 기간이 줄어들고 하룻밤의 정사나 인스턴트 섹스가 흔해지게 됨으로써, 여자들이 원하지 않는 성관계가 보편화되었기 때문이다.

애정 표현이 있고 감정적으로 안정된 상태라면 여자에게 섹스 자체는 그다지 중요한 문제가 아닌 것이다. 여자가 바람이 나면 더 무섭다고 하는 항간의 말은 바로 이러한 감정적인 측면을 반영한 것으로 일리가 있다. 제비족에게 넘어간 것이 아닌 한 여자가 바람이 났다고 하는 것은 단순히 하룻밤의 성관계가 아니고 마음을 준 상태인 경우가 대부분이기 때문이다.

남자들의 경우 행복한 결혼 생활을 하는 경우에도 바람을 피우고 외도를 하는 경우가 흔하지만, 여자들의 경우에는 행복한 결혼 생활을 하면서 바람을 피우는 여자들은 거의 없다. 여자들은 성적인 불만족은 인내할 수 있지만 감정적으로 다치고 소외된 상태에 있을 때 가장 불안정하다. 신경숙의 단편소설인「그가 모르는 장소」에는 이혼을 당하게 된 남자가 주인공으로 나온다. 그는 일하고 사는데 바빠서 마음과는 달리 아내에게 관심을 가져 주지도 못하고, 아내가 애태우고 마음 쓰는 일에 대해 대수롭지 않게 간과하면서 언젠가는 잘살 것을 꿈꾸는 평범한 남편이다. 아이도 없이 마음 붙이고 살던 개를 잃어버린 아내가 애를 태우며 개를 찾아다니는데, 그 과정에서 아내는 자신을 도와주는 수의사가 진심으로 마음을 써주고 그녀의 마음을 진심으로 위로해 준다는 느낌을 받게 된다. 결국 아내는 수의사와 바람이 나서 이혼을 결심한다는 내용이다.

일에 빠져 정신없이 사느라 아내와의 관계를 소홀히 생각하다가 중년에 이혼을 경험하는, 사회적으로 성공한 남자들의 케이스를 미국 사회에서는 아주 흔하게 찾아볼 수 있다. 그런 경우에 자신들이 바람을 피운 것도 아니고 달리 문제를 만든 일도 없고 열심히 일한 죄밖에 없다는 것이 남자들의 입장이다. 따라서 그들이 자신들의 이혼을 이해하기까지는 상당한 시간이 걸린다. 남자는 밖에 다른 여자가 있지 않는 한 이혼을 감행하지 않는다. 여자는 밖에 다른 상대가 있어서 이혼을 하는 경우보다는 경제상의 독립이 가능하다면 감정적인 단절이나 애정 문제를 들어 이혼을 요구하는 경우가 더 많다. 여자의 바람은 무엇보다도 감정적인 외로움에 그 근거가 있다고 볼 수 있다.

6. 외도 후의 처방

외도 후에는 상처와 불신을 해소하기 위한 사후 처방과 건강한 관계로 재건설해 나가기 위해 고려해야 할 사항이 있다. 결혼한 남자의 80% 이상, 여자의 40% 정도가 외도를 경험한다는 통계가 있다. 상담을 하다 보면, 배우자의 부정이 드러난 후에 보통 욕설과 싸움으로 국지전, 전면전, 첩보전 등 온갖 형태의 전쟁을 치루고 휴전과 소강 상태, 냉전을 거치면서 변명하고 탈주하고 항복하고 하는 식의 온갖 드라마를 연출하다 못해 급기야 양가 집안은 물론 직장이나 교회까지 온통 공개되어서 엉망진창의 상태를 만든 후에야 도움을 청하는 경우를 흔히 보게 된다. 당하는 사람의 입장에서는 우선 화를 진정시키지 못하는 탓에 분노를 터뜨리고 울거나 소리를 지르는 등 히스테리가 나올 수 있다.

원인과 이유야 무엇이 되었든 자신의 화나 분노를 다스리는 것은 화의 조절과 관련된 자신의 문제이다. 남편이 바람을 피운 대상이 대통령의 딸이든, 창녀든, 이웃집 아줌마이든 상대가 중요한 것이 아니다. 자신의 배우자와 자신과의 문제가 가장 우선인 점에 초점을 두는 것이 바람직한 관계로 풀어 나가는 관건이다. 남자의 경우도 마찬가지다. 아내의 상대가 누구인가 하는 점에 초점을 맞추고 그 사람을 만나 따지고 협박하는 것은 현명한 일이 아니다.

일단 배우자의 바람기나 외도가 문제가 될 경우에 배우자를 향한 자신의 입장을 고려해 보는 것이 최우선적으로 고려되어야 할 일이다. 외도 문제가 일단락지어지고 타협이 될 경우에 결혼 생활을 지속할 의향이나 가능성이 있는지, 아니면 상황을 불문하고 이혼으로 문제를 마감할 것인지 하는 점을 먼저 스스로 판단해 보아야 한다.

이혼을 결정한다고 해도 마찬가지겠으나 더더욱 결혼 생활을 지속시키려고 하는 경우, 상대방에게 온갖 성질을 부리면서 따지고 비난하는 것은 도움이 안 되는 행위다. 이유야 어찌되었든 자기가 아닌 다른 사람에게 더 마음이 쏠려 있던 사람의 마음을 살펴보고 또 돌이키려고 한다면 그에 합당한 작전과 태도가 필요하다. 욕하고 창피 주고 체면을 죽사발로 만드는 것은 의도하는 것과는 정반대의 결과를 향해 가는 어이없는 태도라고 하겠다. 당사자가 한편으로 죄책감을 느끼는 것과는 별도로 자신의 처지와 삶을 비참하게 여기고, 또한 그럴 수밖에 없었다는 식으로 정당화를 시키게 돕는 일은 없어야 한다.

바람을 피우거나 외도를 하는 것은 감정이 결부된 차원의 사건이다. 이 문제를 두고 남편이나 아내로서의 본분이나 역할을 따져 가면서 정죄하는 것은 도덕적이고 법적인 차원의 문제이다. 법적으로 정당하다고 해서 감정적으로도 자신의 입장이 더 정당하며 보호되어야 한다고 보는 것은 맞지 않다. 같은 문제이긴 하지만 따지는 차원이나 문제 해결의 방향이 애당초 어긋나 있는 것이다. 설령 이혼을 전제로 한다고 해도 상대방이 고개를 저을 만치 사나움을 피우고 성질을 부리는 것은, 그 사람이 그나마 아직 가지고 있을지도 모르는 미련마저 깨끗이 지우게 하는 데 도움을 주는 행동에 불과하다. 다시 가정을 재건하려고 노력을 할 때는 더 말할 나위가 없고 이혼을 할 때에도 최대한 부부간의 불화나 외도는 비밀이 보장되는 범위 내에서만 상의가 되어 지는 게 바람직하다.

망신을 주어서 보복을 하려고 한다는 사람들이 많이 있다. 그러나 시간이 지나면서 분이 어느 정도 사그라진 후에는 그런 사람들도 부부 문제가 공개가 되면 될수록 후회하게 된다. 따라서 배우자의 외도를 알게 된 상황이야말로 젖 먹던 힘까지 다 내어 우아해질 필요가 있는 것이다. 배우자의 불륜과 관계된 내용일수록 가능한 한 부부 사이에서 해결할 일이며 상담이든 법이든 전문가를 통해 해결할 일이다. 가능한 한 여러 사람에게 알려지는 것을 피하는 지혜가 필요하다.

배우자의 외도가 꼭 결혼 생활의 파국을 초래하거나 지워지지 않을 상처로 남아 부정적인 작용을 하는 것만은 아니다. 극단적인 감정의 질곡과 파국에 직면한 어려움을 통해 서로의 존재와 애정을 확인하고 소홀했던 점을 보완하면서 더 충만된 결혼 생활을 해 나가게 되는 부부도 많이 있다.

외도로 인해 손상된 신뢰를 회복하고 서로를 통해 확인하는 자신의 자긍심을 되찾기 위한 노력이 있는 경우 서로에게 부족했던 점을 깨닫고 보다 바람직한 관계로 나아가는 계기가 되기도 한다. 당연시했던 상대방의 존재에 대한 새로운 관점을 발견하게 되고 자신의 편의대로 믿고 있던 상대방에 대한 선입견이나 편견을 깨닫게 됨으로써 보다 성숙되고 인격적인 관계를 형성해 갈 수 있기 때문이다.

대체로 배우자 외에 다른 이성에 대한 경험이 없는 사람들이 일탈을 경험한 경우에는 배우자가 어떻게 용서하고 받아들이느냐에 따라 전환이 빠르며 일의 매듭도 간단할 수 있다. 첫사랑을 만나 결혼에 이르거나 아직 어린 나이에 결혼을 했거나 결혼 전에 다양한 교제를 한 적 없이 한 사람의 이성밖에는 모르고 살아온 사람들이 바람기나 외도를 경험하는 경우 이를 계기로 사람이나 결혼에 대한 새로운 인식과 깨달음이 생겨나는 계기가 되기도 한다.

  어려움을 경험한 뒤의 관계는 결국 평소에 두 사람간의 애정이 어느 정도였는지가 관건이랄 수 있다. 뜨뜻미지근하고 매사가 타성에 젖은 채 서로를 당연시하던 태도에서 화들짝 깨어난 듯한 새로운 시각과 의지로 새롭게 시작하는 생활이 될 수 있다. 외도라는 돌풍에서 벗어나와 새롭게 다시 시작하는 부부들은 도종환 님의 「흔들리며 피는 꽃」이라는 시를 더 가슴 절절하게 읽을 수도 있을 것이다.

> 흔들리지 않고 피는 꽃이 어디 있으랴
> 이 세상 그 어떤 아름다운 꽃들도
> 다 흔들리며 피었나니
> 흔들리면서 줄기를 곧게 세웠나니.
>
> 흔들리지 않고 가는 사랑이 어디 있으랴.
> 젖지 않고 피는 꽃이 어디 있으랴
> 이 세상 그 어떤 빛나는 꽃들도
> 다 젖으며 젖으며 피었나니
>
> 바람과 비에 젖으며 꽃잎 따뜻하게 피었나니
> 젖지 않고 가는 삶이 어디 있으랴.

여섯. 행복한 커플의 비결과 파경을 예고하는 적신호

행복한 커플의 특징은 앞으로의 일에 대해 서로간에 더 자주 대화를 한다는 것이다. 서로의 꿈이나 바람에 대해 자주 이야기를 하고, 같은 신앙 생활을 하는 사람들이 훨씬 행복한 생활을 한다. 서로 함께라는 동반자 의식과 서로를 의지할 수 있다는 믿음이 있을 때 두 사람 사이에 있게 되는 어려움이나 불행한 일에 대해 의연하게 대처하는 힘이 찾아지는 것이다.

여섯. 행복한 커플의 비결과 파경을 예고하는 적신호

> 풍세를 살펴보는 자는 파종하지 아니할 것이요, 구름을 바라보는 자는 거두지 아니하리라.
>
> —잠언 11:4

결혼은 인생이라는 행로에서 가장 우선으로 사랑해야 할 대상이 배우자임을 인정하고 이에 대한 책무를 이행하는 생활이다. 이것은 약속을 전제로 한 선택이며, 선택은 그 외의 많은 다른 것을 포기해야 함을 전제로 한다.

1. 행복한 커플의 정의와 비결

이상적인 결혼 생활은 행복감이나 만족감을 넘어서는 다른 요소가 있다. 결혼 생활을 지속하는 부부들을 대상으로 결혼 기간 중 가장 행복한 시기가 언제쯤이었느냐는 조사가 있었다. 놀랍게도 대부분의 커플들이 그들이 가장 행복했던 시기로 경제적으로는 여유가 없었지만 아직 아이들이 어릴 때라고 답했다고 한다. 주변 사람들의 생활이나 자신의 경험을 한 번 돌아보면 이에 공감하는 이가 많을 것이다. 이유인즉 사람들은 재정적으로는 어렵고 불확실해도 아직 어린아이들을 키우면서 막연하게나마 인생에 대한 기대가 있고 꿈과 설계가 있던 때를 그리워하는 것이다.

건강한 결혼 생활을 하는 행복한 커플의 첫 번째 특징은 서로를 향해 선한 뜻을 품는 마음에 있다. 상대방을 너그럽게 대하고 좋은 일이 많기를 바라는 마음이다. 행복한 커플의 두 번째 특징은 함께하는 생활 속에서 비전을 나누어 가진 부부이다. 인생을 살면서 서로 공감하는 이상과 목표가 있어야 하고 함께 살아가는 인생에 대한 비전이 있어야만 감정의 변화나 일상에서 일어나는 충돌과 어려움을 극복하면서 서로를 격려해 나아갈 수가 있다. 성경에 비전이 없는 백성은 망한다는 구절이 있듯이 상대방과 더불어 어떤 결혼 생활을 해 나갈 것인가에 대한 비전이 없는 커플은 방향계가 없이 표류하는 배를 탄 것과도 같다. 서로 원하는 결혼 생활에 대한 조감도를 마련하는 것이 좋다.

　불행하게도 많은 커플들이 함께 일하는 동역자나 서로를 보완하는 파트너로 서로를 인정하기보다는 경쟁 상대로 삼는 경우를 많이 보게 된다. 배우자에게 자존심을 내세우고 허영과 허세를 부려야 한다면, 과연 그 사람은 어디에 가서 위안을 받고 마음을 털어놓을 수 있을까? 어려움이 많은 삶이 되리라는 것은 너무도 확연하다. 또한 아무리 함께 협력하려고 해도 상대방이 매사를 경쟁적으로 나오는 경우도 있을 것이다. 이런 경우에는 단순히 상대방을 이해하려 한다고 해서 상황이 호전되고 관계상에 도움이 되는 것은 아니다. 경쟁적인 사람 자신이 스스로의 열등감이나 좌절감을 이해하고 받아들이도록 돕지 않고는 부부간의 불화를 방지할 길이 없다. 모든 인간 관계에서와 같이 불만이 많고 마음속에 화가 많이 들어 있는 사람들은 아무리 훌륭한 배우자와 엮어져도 원만한 결혼 생활을 할 수 없다. 사람의 관계는 한쪽만의 노력으로 되는 것이 아니기 때문이다.

　삶의 목표를 함께 세우고 나아가는 것은 단순히 감정적인 필요 충족을 넘어 삶을 부유하게 하고 의미 있게 하는 일이다. 세상 영화를 섭렵한 솔로몬도 비전이 없는 사람들은 망한다고 경계했다. 비전은 하고자 하는 일에 대해 의미를 주고, 영감을 줌으로써 일에 대한 의욕을 갖게 해주는 이미지나 이상을 뜻한다. 행복한 커플은 동업자 의식을 갖고, 함께하는 인생에 뜻을 같이해서 헌신할 목표가 분명하게 있는 커플이다. 막연히 행복을 추구하기보다는 함께 인생을 창조하고 가꾸어 가는 데 뜻이 맞는 커플이다. 살아 가면서 추구하는 목표와 이상이 같은 커플은 서로가 서로에게 귀한 존재임을 인정하게 된다. 다소간의 어려움이나 예상하지 못한 사건을 경험할 때라도 서로가 없어서는 안 될 인생의 파트너임을 인정하는 커플이다. 서로 함께 추구해야 할 인생의 목표를 발견하기 위해서는 서로의 생각과 꿈을 나눌 수 있어야 함이 전제가 된다. 많은 부부들이 서로 각자가 가진 꿈이나 생활에 대한 기대를 나누지 못하고 막연히 서로에 대해서 추측하고 오해하면서 살아가는 경우가 대부분이다. 상대방으로부터 직접 본인의 의사와 삶의 방향에 대해 들어본 적도 없으면서 상대방을 이해한다고 믿는 자체가 오만이며, 이는 모든 문제의 출처가 된다.

상대방이 자기에게 관심을 보이지 않는다고 느끼는 사람들은 제 아무리 독불장군 같은 사람일지라도 자신의 느낌이나 생각을 선뜻 나누지 못하고 만다. 이는 상대방으로부터 비판받는 경우를 피하려는 무의식적인 자기 방어이기도 하다. 상대방에 대한 평가를 할 때에도 비판과 나눔에는 큰 차이가 있다.

비판은 상대방을 겨냥해서 상대방의 언동에 대해 초점을 맞추어 말하는 것이다. 이에 비해, 나눔은 상대방의 언동에 의해 자신이 어떤 느낌과 영향을 받는가에 대해 말하는 것이다. 즉 왜 당신은 항상 그 모양이야라고 말한다면 그것은 비판이지만, 당신이 그럴 때마다 내 가슴이 철렁해요라고 한다면 그것은 나눔이 되는 것이다. 행복한 커플은 자신에 대해 기탄 없이 나눌 수 있고 함께 미래를 설계하고, 목표를 향해 협력해 나가는 커플이라는 것이 가장 큰 특징이라고 하겠다.

2. 건강한 관계의 공통된 요소

사람간의 일은 예로부터 고장난명이라고 해서 그 결과가 좋은 일이 되었든 부정적인 내용이 되었든 간에 한쪽만의 노력과 이해, 또는 시비만으로는 관계 개선은 물론 싸움조차 가능하지 않다고 알려져 있다. 누구나 행복하기를 원하지만 무엇이 행복이냐에 대한 물음에는 개인마다 차이가 심하고 행복을 느끼는 순간조차 사람마다 모두 다른 것을 생각할 때 행복한 커플이라는 말은 한편으로 매우 모호한 말이 될 수 있다. 행복을 추구하는 것은 일시적으로 좋은 느낌을 구하는 것과는 다르다. 사람은 지속적인 복지와 안녕을 느낄 수 있어야 비로소 행복감을 갖게 된다. 앨버트 아인슈타인은 모든 사람들이 다 천재라고 천명한 뒤, 그러나 만일 우리가 물고기를 보고 나무를 오르지 못한다고 탓한다면 그 물고기는 평생을 자신이 멍청이라고 믿으며 살게 될 것이 뻔하다고 비유적인 표현을 하였다. 많은 사람들이 아직 인생에 대해 잘 모를 때 사회적인 관습에 따라 결혼을 해야 한다는 당위감에서 결혼을 하게 된다. 이런 현상을 영어권에서는 결혼 열병(marriage fever)이라고 부르기도 한다. 매사에 다를 수밖에 없는 사람들이 저마다 다른 이유에서 부부의 연을 맺고 살아가게 되면서 아무리 서로에게 잘해 주고 성공적인 결혼 생활을 하고자 하는 의지가 있다 해도 좋은 의도만으로는 잘 되어 가지 않는 게 결혼 생활이기도 하다.

성공적인 결혼 생활을 하기 위해서는 서로 다른 사람을 그대로 받아 줄 수 있는 의지와 역량은 물론이고 상황에 부합되는 전략과 기술이 반드시 필요하다. 데이트를 할 때는 두 눈을 크게 뜨고 보고, 결혼을 하면 한쪽 눈을 감으라고 하는 충고가 있듯이 데이트를 할 때는 현실감을 상실해서는 안 되고, 결혼을 한 뒤에는 환상을 지켜 나갈 필요가 있다. 자신이 경험하는 결혼 생활의 부정적인 요소가 정말 문제가 있기 때문에 나타난 것인지, 혹은 누구에게서나 나타날 수 있는 사실의 한 면일 뿐인지를 이해할 필요가 있다. 비단 결혼 생활뿐 아니라 모든 건강한 인간 관계에서 공통되게 보여지는 요소가 몇 가지 있다. 그 첫째는 위험을 감수하고서라도 마음을 열어 보이는 태도이다. 자기가 가진 느낌이나 생각을 나누는 것이 중요하고, 또한 상대방이 마음을 털어놓을 수 있도록 마음을 활짝 열고 그가 하는 말을 들어 줄 수 있어야만 좋은 관계가 형성되고 유지될 수 있다. 둘째는 서로를 배려하는 마음을 보여줄 수 있어야 하고, 상대방이 마음을 써 주고 있음을 읽어낼 수 있어야 한다. 다른 사람을 배려하는 원리로 동·서양에 공통된 황금의 법칙이 있다. 그것은 바로 대접받고자 하는 대로 남을 대접해 주라고 한 예수의 말과, 자기가 싫어하는 일은 남에게도 시키지 말라고 한 공자의 충고이다. 세 번째로 중요한 요소는 상대방과 기억에 남을 만한 시간들을 많이 가져야 한다는 것이다. 생활 속에서 훗날에 그리움의 근거가 될 만한 좋은 시간과 활동을 되도록 많이 공유하는 관계가 지속적으로 좋은 관계로 이어지게 된다. 건강한 관계를 위한 넷째의 요소는 가치관이나 목적 그리고 이해 관계가 비슷해야 한다. 영국의 다이애나비와 찰스 황태자의 파경에는 그 어떤 요소보다도 두 사람이 가진 가치관과 이해의 차이가 원인이었다고 볼 수 있다. 자연을 사랑하고 조용하게 자신의 삶을 살기를 원하는 찰스와 스포트라이트의 중앙에 서서 뉴스의 초점이 되기를 원하는 다이애나의 사이는 동과 서처럼 멀고, 나아가 서로를 싫어하는 근거가 되었을 것이다. 더불어 건강한 관계에서 중요한 요소는 개인적인 공간을 서로간에 허용해야 한다는 점이다. 공간이란 비단 물리적인 위치뿐만 아니라 심리적인 요소도 포함한다. 집요하게 매사를 상관하고 따지고 캐묻는 태도에는 불신과 욕구 불만이 묻어난다. 또한 사람마다 차이가 있음을 무시하는 태도이다. 서로의 차이나 성향에 대한 이해와 인내심 없이 함께 조화로운 생활을 해나갈 수는 없다. 마지막으로 무엇보다도 중요한 요소는 자기 자신에 대한 자신감이다. 자기 자신의 필요와 욕구는 물론 역량과 결점에 대한 이해가 있어야 인간 관계에서 예기치 않게 일어나는 충돌과 오해의 상황을 원만하게 해결할 수 있다.

사람은 누구나 기본적으로 세 가지 영향력이 있다. 그 첫째는 그 사람이 어떤 장소에 자리함으로써 가지는 영향력(power of presence)이다. 사람이 어떤 자리나 장소에 출현했을 때 각 사람이 드러내는 분위기와 무게에는 저마다 차이가 있다. 어떤 모임에 자리를 지키고 있으면서도 막상 있으나 마나 한 사람을 가리켜 꿔다 놓은 보릿자루 같다는 익살스런 표현을 한다. 그런가 하면 산 같은 카리스마와 위엄이 있는 사람도 있고, 부케처럼 분위기를 화사하게 하는 사람이 있는가 하면, 등 뒤에 놓는 쿠션처럼 포근한 사람도 있다. 이처럼 등장하는 자체만으로 주위에 끼치는 영향력은 놀랍게도 사람마다 현저한 차이가 있다.

둘째로는 의사 전달에 따른 영향력(power of communication)이다. 가만히 있을 때는 드러나지 않다가도 말을 건네거나 의사 전달을 하면서 주목을 끄는 사람이 있다. 조리가 있고 명쾌한 말은 첫 눈에 감지했던 첫 인상을 강화하기도 하고, 천지 차이로 바꾸어 놓기도 한다. 무엇보다도 상대방을 존중하고 자신의 의사가 확실히 전해질 만큼 상대방의 주의력을 확보하는 사람은 의사 전달상에 있어 영향력이 있는 사람이다.

셋째로 사람들의 입장 표명에 따른 영향력(power of position)이다. 어떤 일이나 사건과 관련해서 진실되고 성실하게 자신의 입장을 견지하고 표명하는 데서 나오는 영향력이다. 다른 사람을 비난하거나 비판하지 않으면서도 자신의 입장을 분명하게 표현하고 소신을 피력하는 사람은 인간 관계는 물론이고 어떤 업무에 있어서나 그가 내리는 판단을 신뢰할 만한 사람이라는 인상을 준다. 자신이 한 말에 대해 식언(食言)함이 없이 일관성이 있는 사람은 본인이 청하지 않아도 조언이나 견해를 구하는 사람들의 위안처가 된다.

싫은 사람이 많다고 주장하는 사람은 자기 자신조차 그 이유가 분명치 않은 경우가 많다. 나름대로 주섬주섬 이유를 갖다 대지만 자신의 기분이 달라지면 그 이유 또한 달라져서 내용이 이랬다 저랬다 한다. 그저 마음에 안 든다고 상대방에게 화를 낸다거나 대화를 피하는 사람은 자신의 입장 자체가 불분명한 까닭에 자신이 가진 기본적인 영향력마저 포기한 사람이다. 행여라도 자청해서 있으나 마나 한 사람, 혹은 차라리 그 자리에 없는 게 더 낫다고 느껴지게 하는 사람의 자리를 선택한 적은 없었는지 한번쯤 살펴볼 일이다. 어디에 임하든지 당당하고 의연하며, 전달사항이 있을 때는 명쾌하게 표현하고, 누구에게 굳이 말하지 않더라도 매사에 분명한 의견을 갖고 사는 사람은 기본적인 영향력을 유지하며 사는 사람이다. 기본적인 영향력이 느껴지는 사람이 매력 있는 사람이다.

3. 성공적이고 건강한 결혼 생활을 위한 전제

지난 십여 년 동안 임상 상담에 임해 오면서 경험한 결혼 생활의 불화와 충돌의 원인 가운데 가장 빈번하게 드러나는 요소를 들자면 두어 가지로 압축된다. 이 불화와 충돌을 피하고 건설적이고 긍정적으로 살아가기 위해서는 각 사람이 먼저 안정되고 자신감 있는 사람이 되어야 한다.

먼저 가장 흔하고 공통된 불화의 원인은 많은 부부들이 상대방이 자신이 한 일에 대해 후하게 점수를 주기는커녕 너무도 당연시 하거나 아예 인식조차 못하고 지나친다는 불만이다.

가장 공통된 불만의 또 다른 한 가지는 서로간에 애정어린 부드러운 말이나 신체적인 접촉이 부족하다고 여기는 점이다. 서로 상대방이 어떻게 대하고 반응하는가에 민감하게 되고 그에 의해 자신의 태도나 행동을 정하게 되면 항상 미흡하고 불만족한 상황을 경험할 수밖에 없다. 자기 자신에 대해 안정되고 자신감이 있는 사람이 건강한 인간 관계를 만드는 이유가 여기에 있다. 즉 상대방이 어떻게 나오는가를 셈하고 추측하기보다는 자신이 먼저 잘한 것에 대해서는 잘했다고 인정을 해주고 고마운 일은 고맙다는 말을 하는 것이다. 헤어스타일이나 집안 치장에 대한 변화를 눈치채고 언급해 주기를 기다리거나 칭찬을 기대하기보다는 자신이 스스로 표현하는 습관이 적극적이고 자유롭게 사는 생활태도라고 하겠다.

변화를 눈치채지 못하는 것은 관심이 없는 증거라는 식으로 상대방이 모르는 가운데 그 사람을 시험하는 태도는 두 사람의 관계를 파국으로 진행시키는 위험한 일이다. 사람은 성격이나 타입에 따라 매사에 대한 반응이나 관점이 다를 수밖에 없는데도 이것이 아니라면 저거다라는 식의 흑백논리를 적용하면서도 그런 논리 자체를 깨닫지 못하는 경우가 너무도 많다. 또한 마음이 이끌리는 대로 먼저 가까이에 다가가 앉거나 자연스럽게 상대방을 만지고 기대는 행동을 하는 것이 상대방이 그래주기를 바라는 것보다는 편안하고 불필요한 긴장감이나 불만을 제거하는 일상의 태도일 수 있다.

 사람들이 다른 사람과 관련해서 문제점이라고 생각하는 대부분의 내용은 정작 어떤 문제라서이기보다는 개인적인 차이에서 비롯된 사실에 대한 몰이해이거나 흑백논리로 자신의 판단기준을 적용하는 데서 오는 부작용인 것을 이해한다면 의외로 간단하게 해결될 수 있다.

 시대에 따라 결혼에 대한 이해와 그에 따른 기대감이 지속적으로 변화해 가면서 새로운 풍속도가 연출되기도 한다. 미국의 유명한 토크쇼 진행자인 오프라 윈프리는 2006년 6월 중에 방송된 토크쇼에서 부부들 사이에 공개적으로 파트너를 바꾸어 성관계를 갖는 스와핑에 대해 다루었다. 스와핑은 정상적인 결혼 생활을 하는 부부들이 서로 합의하에 결혼한 다른 커플과 성관계를 갖는다는 내용이다. 결혼이 성적인 흥분이나 만족감을 우선으로 한다면 그 외에도 온갖 다른 종류의 변형된 활동이 있을 수 있을 것이다.

유교 전통에서는 사람의 도리로서 지켜 가야 할 인간사의 가장 중요한 다섯 가지 법도 중의 하나로 부부유별(夫婦有別)이 있었다. 많은 사람들이 흔히 이를 봉건적인 잔재의 하나로써 남녀 사이의 차별적인 언행을 가리키는 것으로 오해하고 있음을 보게 된다. 남녀유별이 아니고 부부유별인 이유는 기혼 남녀간에 유별해야 함을 뜻하는 것으로 부부들이 자리를 가려 함부로 동석하거나 섞여서 관계를 발전시키지 않도록 경계하는 내용이다. 정약용은 부부유별은 서로 남의 배필을 범하지 않는 것이라고 가르쳤다.[1] 이인식 목사는 부부유별은 곧 성경의 십계명 중 하나인 간음하지 말라는 제7계명의 주석이라고 보았다.[2] 그는 이어서 독신 남녀간에 나누는 성행위는 음행이며, 간음은 기혼 남녀 사이에 일어나는 성행위를 가리키는 것으로 간음이 성경적으로 엄격하게 다루어졌음을 지적하고 있다.

남녀 모두 각자의 기본적인 욕구가 있으며, 따라서 그에 따른 취약점을 느끼는 것은 서로 같다고 하겠다. 사랑을 주고받고 싶은 욕구 또한 남녀가 공히 가진 점이나 이를 표현하는 방식이나 수용하는 입장이 다르기 때문에 문제가 생기게 된다. 참된 남녀 관계는 서로를 점점 더 잘 이해해 가는 과정에서 성립되는 것으로 상대방을 이해하는 것 못지않게 자기 자신을 상대방이 이해할 수 있도록 알리는 것 또한 매우 중요한 일이다.

행복한 부부 관계를 유지하려면 우선 힘의 균등성이 있어야 한다. 부부 중 한 사람이 매사를 이끌어 나가고 다른 한쪽은 쫓아가는 식이 되면 책임은 항상 앞장서 나가는 사람에게 있게 된다. 가사를 결정함에 있어서나 진행하는 데 있어서 책임과 역할을 공평하게 나누어 갖는 것이 서로의 수고와 노력을 이해함에 있어서도 바람직하다. 서로간에 서로를 인정하고 받아들이는 관계일 때 사람들은 일상에서 자신감을 갖게 되고 서로에게 감정이나 의사 표현을 솔직하게 할 수 있다. 건강한 사이에서는 의견의 차이나 갈등이 건강하게 표현된다. 부부가 말다툼하는 것을 10~15분 정도만 관찰하면 그들이 평생 종사할 사람들인지 언젠가는 이혼할 부부인지 추측이 가능하다고 한다. 말다툼을 하거나 논쟁을 하는 경우야말로 그 사람의 인격이 고스란히 드러나고 상대에 대한 감정이 여과 없이 표출되는 상황이다. 논쟁은 반드시 기본적인 규칙이 지켜져야 하는데 그것은 논쟁의 주제를 벗어나지 않는 것이다. 예를 들어 왜 약속 시간을 안 지키는가로 말다툼을 하면서 그것은 자신을 무시한 처사라고 한 단계 비약을 한다거나, 상대방이 평소에 게으르다는 평가를 하게 된다면 그 말다툼이 어느 방향으로 진행될지 짐작이 되는 일이다.

　나중에까지 사이를 금가게 하고 감정의 앙금을 남기는 말다툼이 잦으면 잦을수록 정이 떨어지는 관계가 될 것이다. 모든 인간 관계에 있어 의견의 차이가 있고 그로 인한 일시적인 오해나 언쟁은 있기 마련이다. 문제는 어떻게 논쟁이나 말다툼을 통해 서로를 보다 잘 이해하게 되고 건설적인 관계를 이루어 갈 수 있는가 하는 점이다. 어떤 사람들은 싸움이나 논쟁은 무조건 피하는 게 상책이라고 여기는 것을 보게 되는데, 이것 또한 바른 태도는 아니다. 비켜간다고 해서 문제가 해결되는 것은 아니며, 그럴 경우 당사자는 당사자대로, 비켜가는 이는 비켜가는 대로 서로의 입장이나 해석이 다르므로 나중에 더 큰 문제를 일으킬 소지가 될 수 있다. 다투거나 따지지 않고 문제에 대한 자신의 느낌이나 입장을 상대에게 알릴 수 있다면 가장 최적의 대안이라고 하겠다. 영어권에서는 싸우지 않는 부부는 성관계도 갖지 않는다[3]라는 말이 있다. 싸움이나 섹스가 다같이 열정과 관련된 강렬한 감정인 탓에 어느 한쪽이 없는 경우 그것은 서로에 대한 무관심 내지는 외면하는 태도와 무관하지 않다고 평가된다. 어느 정도의 다툼에도 흔들릴 만큼 아슬아슬한 관계여서 싸움을 피하는 경우가 아닌 한 문제 해결을 위한 대면과 충돌은 건강한 커플 사이에서는 종종 일어나게 되는 일상적인 일에 불과하다. 인간 관계에 있어서 건설적인 충돌이나 맞대면이 어차피 불가분의 요소라 한다면 되도록 싸움의 발단이 된 사건에만 초점을 맞추고 상대방의 인격을 모독하는 말이나 관계 없는 일을 갖다 붙이면서 인신 공격을 하는 것은 절대로 삼가해야 한다.

　또한 둘 사이의 문제나 오해는 당사자끼리 해결하는 것을 원칙으로 해야 한다. 다른 식구나 주변 사람들에게 알리고 상의를 하는 것은 차선책으로만 고려되어야 할 일이다. 특히 외도나 바람기 때문에 문제가 생겼을 경우에 이 원칙은 꼭 지켜져야만 서로 화해를 하게 되는 경우 상처 치유가 빠르고 관계를 회복하는 데 어려움이 적게 된다. 상대방의 실수나 잘못을 올가미로 삼아 상대를 조절하고 꼼짝 못 하게 한다고 말하는 사람들을 종종 보게 되는데, 그 정도가 되면 그 커플의 관계는 서로 아끼고 사랑하며 사는 것과는 무관하게 서로가 서로에게 힘을 행사하는 관계, 주종의 관계 또는 자신의 편리를 위해 상대를 노예 취급하는 관계일 것이다. 커플이 함께 추구하는 인생의 목표가 아니고 혼자만의 출세나 자기 과시를 위한 목적으로 살아가는 사람들은 함께 살아가는 동반자가 파트너라는 의식을 갖지 못한다. 배우자는 자신의 목적을 위한 수단이거나 자기의 생활을 편리하게 돕는 도우미쯤으로 여기는 사람은 어차피 자기 성찰을 통한 건설적인 인간 관계를 건설하는 데 아무런 관심도 없을 것이다. 자기 중심적인 이기심으로 살아가는 사람은 세상의 어떤 사람과 짝하게 되어도 행복한 커플을 이루는 것은 불가능하다. 내 자신이 행복과 불행의 시작이 됨을 고려하는 것이 인간 관계를 건강하게 하는 초석이 된다.

　성공적이고 건강한 결혼 생활을 위해서는 먼저 각자가 가진 소견이나 행동을 바꾸어야 한다. 서로의 다른 점을 인정함과 더불어 인생에 대해서나 결혼 생활에 대해 나름대로 가졌던 의견을 바꾸는 것이다. 자기가 바꾸려고 하지 않고 다른 사람을 바꾸려고 하면 이미 어려운 생활을 향해 나가는 첫 단계로 들어서는 것이라고 볼 수 있다. 열 번을 말해도 안 듣는다는 걸 알면서도 매번 똑같은 말을 하며 그 사람이 달리 행동하기를 바란다면, 그렇게 하고 있는 사람이 제정신이 아닌 것이라고 볼 수 있다.

끝으로 건강한 인간 관계는 때때로 어느 정도의 거리가 필요하다. 사람은 각자만의 호젓한 시간과 영역을 가질 필요가 있다. 칼릴 지브란은 그의 『예언자』라는 책에서 간결하고도 의미심장한 언어로 결혼에 있어 필요한 거리에 대해 피력하고 있다.[4] 주옥 같은 그의 글 가운데 서로에게 마음을 주되 서로를 감시하지는 않으며, 서로 같이하되 성전의 기둥처럼 서로 간격을 가지라는 구절은 생각할 만한 좋은 예다. 일거수 일투족의 움직임에 대해 서로 파악하고 있어야 하는 것이 배우자의 의무라고 여기는 사람이 있고, 이에 곁들여 서로의 소재를 항상 서로에게 알리고 살면 부부 문제가 없어진다고 설파하는 상담가들이 없지 않다. 이는 이미 어떤 계기로 인해 신뢰를 상실하고 의심을 벗어 버릴 수 없는 상태의 부부에게는 맞는 말일 수 있다. 그러나 서로의 개성이나 성향을 존중하고 그렇게 살아갈 마음이라면 또한 무엇보다도 서로에 대한 신뢰가 있는 관계를 전제로 한다면, 궁금한 사항이 있을 때에는 상대방에게 직접 물어 보고 알아 보는 정도에서 그치는 것이 좋다. 더 자세한 내용을 알기 위해서나 혹은 상대방의 주변을 탐사하기 위해 상대방의 소지품이나 전화를 쓴 내력이나 서랍 등을 뒤지거나 사람을 고용하는 일은 궁극적으로 서로의 감정에 치명적인 타격을 가

하는 일이며 일생을 두고 해결할 수 없는 골을 만드는 일이다. 상대방에 대해 의심이나 질투심이 없이 서로의 프라이버시를 인정하는 것은 성숙한 사람만이 할 수 있는 일이기도 하다.

4. 부부 관계의 경고 사인

통계에 따르면 대부분의 사람들이 자신들의 결혼 생활에 대해 긍정적인 환상을 갖고 있다. 즉 자신들이 이혼하게 될 확률은 거의 없거나 있다 해도 10퍼센트보다 낮다고 믿는다는 것이다. 결혼한 커플의 절반이 이혼을 하게 되는 실제적인 수치를 생각할 때 이것은 굉장한 낙관론인 것을 알 수 있다. 타성에 젖어 살거나 습관적이고 익숙한 상황에 처해 있을 때는 어느 정도가 도를 넘어 위험한 정도인지에 대한 신경이 마비된다. 프랑스의 유명한 개구리 요리인 그래뉴이어(Glenouille)를 만들기 위해서는 살아 있는 싱싱한 개구리를 이용한다고 한다.[5] 개구리를 잡을 때 미지근한 물에 담가 서서히 온도 가열을 하면 개구리는 미미한 차이로 올라가는 수온의 변화를 감지하지 못한다고 한다. 결국 물이 비등을 하기 시작해서 온몸이 익도록 아무런 대응도 하지 못하게 된다.

마찬가지로 비록 이혼을 고려하는 수준은 아니더라도 다음 몇 가지 사항과 유사한 점이 보이면 관계상에 빨간불이 들어오고 있

다고 생각하고 변화에 대한 이유를 생각해 보아야 한다.[6]

첫째, 서로의 인격을 무시하거나 인신공격을 예사로 삼는 비난과 비판이다. 사랑이 희박할수록 잘못은 크게 드러나 보인다는 영어 속담이 있다. 비난하는 말을 일상으로 접하며 살다 보니 말로 하는 비판 정도는 별거 아니다라고 믿고 사는 사람도 많은 현실이다. 비난은 상대방의 입장에서 보고 느끼려고 하는 측은함이 결여될 때 더 심하게 나타난다.

둘째, 상대방을 멸시하고 무시하는 태도다. 멸시는 단순히 상대방이 한 언행에 대한 비난이나 비판이 아니라 그 사람의 존재 자체를 비하시키고 무시하려는 의도에서 나오는 것이다. 멸시는 일종의 심리적인 학대라고 볼 수 있다. 상대를 멸시하는 태도는 상황에 따라 어떤 행동도 가능하게 하는 토양이 됨을 알아야 한다.

셋째, 지나치게 자기방어적인 태도다. 사사건건 자신의 입지를 세우고 사사로운 잘못에 대해서도 구구한 변명을 하는 것은 그 사람이 뭔가 숨겨야 할 것이 많다는 것을 의미한다. 자존심이 강한 사람인 탓이라거나 원래가 그런 사람이라는 식의 정당화를 하기 전에 한번쯤 왜 꼭 그럴 필요가 있는지에 대해 살펴볼 필요가 있다.

넷째, 벽을 쌓는 태도이다. 무슨 말을 해도 반응을 안 보이고 점점 더 침묵으로 일관하는 배우자를 대하다 보면 답답하고 울화통이 터지는 정도를 넘어 맞불작전으로 나가게 된다. 서로 질세라 소 닭 보듯이 대하게 되는데, 이런 경우에는 서로를 향한 담 쌓기에 가속이 붙는다. 통계적으로는 배우자를 향해 담을 쌓는 85퍼센트는 남자라고 한다. 가뜩이나 언어로 자신을 표현하는 것에 서투르고 익숙하지 않은 남자들은 다른 어떤 문제나 사유가 덧붙여지게 되면 쉽게 대화의 단절 쪽으로 나갈 수가 있다.

다섯째, 신체적인 거리감이다. 2004년 1월 판 『타임(Time)』지에 따르면 남자들이 감정적으로 거리를 느낄 때 배우자와의 신체적인 접촉을 꺼리는 것으로 나타난다고 한다. 여자들에게 이것은 너무나 당연한 일이다. 그러나 신체적인 접촉과 감정적인 면이 항상 함께 가는 것이 아닌 남자들의 생리적 차이를 고려한다면 이는 다소 심각한 상태임을 알아야 한다. 섹스가 의사 소통의 하나가 되기도 하는 남자의 생리학적인 요소를 고려할 때 남자 쪽에서 많은 날이 지나가도 필요에 의한 신체적인 접촉조차 시도하지 않는다면 결코 간과할 일이 아님을 알아야 한다.

끝으로, 관계상의 경고로 볼 수 있는 표시는 일상적인 행방불명이라고 하겠다. 되도록 바깥에서 보내는 시간이 많아지고 혼자서 하는 일들이 많아지며, 이에 대해 이야기하기조차 꺼리는 태도다. 함께 있어도 상대방이 무엇을 생각하는지 어디에 관심이 있는지를 알 수 없다. 같이 있어도 서로에게 서먹하고 마치 그 자리에 없는 사람처럼 마음이나 생각이 부재중인 사람은 실제로는 함께 있는 사람이 아닌 것이다.

이상과 같은 여러 경고 사인을 간과하고 엇나가기 시작하는 결혼 생활에 대해 별다른 조처나 긍정적인 노력을 하지 않으면 외도를 하는 경우에도 얼마간의 시간이 소요되고 난 후에야 깨닫는 경우가 많다. 뭔가 다른 생활에 대해서 꿈꾸고 다른 사람을 통한 변화를 타진하는 것은 바로 그 결혼 생활에 문제가 생기고 있음을 드러내는 것이다. 누군가에게 이미 관심이 생겨나고 그리워하거나 생각하는 횟수가 많아졌을 때 그런 감정을 억누르거나 생각을 하지 않으려고 노력하는 것은 오히려 역효과가 날 수 있다. 마음속에 일어나는 감정을 억누르는 것은 오히려 그 감정을 강화시키는 효과가 있기 때문이다. 이런 경우 스스로의 마음을 제어하는 가장 좋은 방법은 새로운 사람과의 관계가 진전될 경우 생겨날 수 있는 부정적인 면을 구체적으로 고려하는 태도라고 할 수 있다. 무조건적으로 끌리는 마음 상태를 점검하면서 그 사람이 가진 부정적이고 좋지 않은 면을 실제 상황으로 인정한다. 또한 자신의 배우자와 나누었던 좋은 기억을 반추하고 인생에서 이루고자 계획했던 공동의 꿈과 비전에 초점을 맞추는 것이다. 건전하고 튼튼한 결혼 관계는 그래서 부부가 함께 추구하는 이상이나 목표를 필요로 한다. 함께 자녀의 양육에 대해 관심과 꿈을 갖는 것이 인생의 비전과 관계된 좋은 예이다. 그 밖에도 부부가 함께 공동으로 추구하는 것에 대한 구체적인 생각과 계획이 있다면 그것이 두 사람의 관계를 특별하게 하며 서로를 이어 주는 접착제 같은 역할을 하게 된다.

5. 결혼 생활의 개선

결혼은 행복한 생활의 추구 외에 삶에 대한 의미와 목적을 나누어 갖고 함께 노력해 갈 때 보다 건강하고 현실적으로 안정된 관계가 될 수 있다. 가장 이상적인 결혼 생활은 배우자가 서로를 인생을 살아가는 데 있어 파트너로 인정하고 인생 설계를 함께 하는데 있다. 파트너는 단순히 감정적인 필요를 충족시켜 주는 대상이 아니라 우정과 관용, 자기 절제와 서로에 대한 충성심을 신뢰할 수 있는 대상이다. 난관을 극복하고 나아가는 튼실한 결혼 생활은 부부간에 인생에 대한 목적과 이상(理想)이 일치하고 이를 함께 추구해 갈 수 있을 때 가능해진다.[7] 좋은 결혼 생활은 행복감이나 감정적인 만족감을 넘어 의미 있는 삶을 추구하게 한다.

생활과 일에 있어서 우선 순위를 정해 놓지 않으면 가족간이나 부부간의 일은 항상 맨 뒤로 쳐지기 쉽다. 일의 순서가 왜 중요한가 하는 것을 보여주기 위해 스캇 스탠리(Scott Stanley)는 자갈과 모래로 병 채우기를 예로 들고 있다.[8] 준비물로 주먹 크기와 그보다 조금 작은 사이즈의 자갈과 모래, 물, 큰 병을 준비해서 큰 것부터 병에 채워 넣고 마지막으로 물을 채운다. 이때 가장 큰 자갈부터 큰 순서대로 병에 들어가지 않으면 모두 다 병에 채워 넣을 수 없다. 여기서 크기가 큰 것이 우리 인생의 다양한 일과 사건 가운데 더 중요한 일이라고 보면 된다. 일상 생활에 있어서 일이나 행사에 있어서 우선 순위를 정하는 기준이 마련되어 있지 않다면 주먹구구의 삶이 되기 쉽다. 사소로운 불화나 마찰을 피하는 것은 물론이고 제한된 시간과 물질로 보다 효율적인 삶을 살기 위해서는 스탠리의 실험에서 보여주는 바와 같이 부부가 함께 일과 가치의 우선 순위에 대해 합의가 이루어져야 한다.

  부부간에 규칙적으로 함께 하는 시간을 마련하고 함께 걷는다든지 영화를 본다든지 하는 활동을 마련하는 것은 매우 중요한 일이다. 함께 재미있는 시간을 보내는 것처럼 관계를 향상시키고 서로를 친밀하게 하는 일도 드물다. 환하게 웃는 서로의 얼굴을 자주 대할수록 부부가 함께 계획한 삶의 목적과 비전에 대한 자신감과 확신이 생기게 된다. 아무리 언짢은 일이 있어도 이 시간만큼은 복잡하고 머리 아픈 대화는 피하는 것을 원칙으로 해야 한다. 일이나 문제에 대해서는 또 다른 시간을 마련하는 것이 바람직하다.

  행복한 커플의 특징은 장차의 일에 대해 서로간에 더 자주 대화를 한다는 것이다. 서로의 꿈이나 바람에 대해 자주 이야기를 하고, 같은 신앙 생활을 하는 사람들이 훨씬 행복한 생활을 한다. 서로 함께라는 동반자 의식과 서로를 의지할 수 있다는 믿음이 있을 때 두 사람 사이에 있게 되는 어려움이나 불행한 일에 대해 의연하게 대처하는 힘이 찾아지는 것이다.

부록

부록

    시대가 급격하게 변화하면서 남자와 여자의 역할이 더 이상 예전처럼 천편일률적으로 흘러가지 않는 상황에서 자신의 역할에 자신이 있다고 믿는 사람은 많지 않다. 이 부록은 시카고 여성회에서 무대에 올린 바 있는 세 편의 스킷(Skit)이다. 자신의 처지에 내심 당황해 하는 많은 남자분들과 여자분들이 간단한 연극 형태에서 보여지는 소소한 듯하지만 구체적으로 드러나는 남녀의 차이에서 느끼는 바가 많았다는 평이었다. 또한 부부 사이에서 일어나는 일상의 다툼이 비단 자신만의 문제가 아니라는 점을 확인함으로써 한편으로 안도감을 느끼게 되었다고도 한다. 이 부록에 실린 간단한 스킷을 통해 보다 구체적으로 남녀의 이해를 도울 수 있는 더 많은 행사와 스킷이 공연되었으면 한다. 또한 남녀의 차이에 대해 알아보고자 하는 지속적이고도 진지한 노력이 있기를 기대한다.

주제 1 집안일을 도와주지 않는 남편

장면 1 — A

해설   저녁 식사를 준비하기 위해 분주한 아내. 남편은 거실에서 계속 TV 보며 앉아 있다.

여자1   (남편을 곁눈질로 한번씩 힐끔힐끔 본다. 점점 더 얼굴이 굳어지고 짜증이 나는 표정이다.) 아이구, 부엌꼴이 말이 아니네. 그릇이란 그릇은 다 나와 있고, 먹는 대로 다 개수대에 쌓아 놓으니 원 참. 쓰레기통은 꽉 차 있질 않나. 어휴, 이 냄새. (목소리를 높이며 거실을 향해 소리친다.) 당신 이 쓰레기 통 좀 비워 주면 안 돼요?

남자1   (태연한 목소리) 응? ……그럴 게. (계속 TV만 본다)

여자1   여보! TV 보면서 이 빨래나 좀 개 줄래요? (마른 빨래 몇 가지를 남편의 발치에다 툭 던지고 간다.)

남자1   (눈을 TV에서 떼지 않은 채) 어? 개 줘? (개를 한 번 돌아본 후

빨래를 그 옆에 있는 개에게 준다. 계속 TV만 본다.)

여자1 (목소리를 한껏 높인다.) 여보! 집에 들어오기만 하면 TV 앞에 붙어 있는 거 진력도 안 나요? 도대체 그놈의 텔레비에서 돈이 나와 떡이 나와. 다른 집 남편들은 말 떨어지기가 무섭게 척척이라던데……. 나 참. 당신 같은 사람 믿고 살아 보자고 이리 뛰고 저리 뛰는 내가 미쳤지. 하여간 집안일 관심 없고 안 도와 주는 것도 당신 집안 내력이야, 내력.

남자1 (소리를 버럭 지르며) 잔소리 좀 그만해! 좀 조용하면 어디가 동티가 나? 그리고 왜 걸핏하면 우리 집안까지 들먹이고 그래. 별일 아닌 것 가지고도 이래라 저래라. (리모콘을 잡은 손을 아내를 향해 흔들며) 당신이나 잘해!

(서로 노려보고 서 있는 장면에서 막이 내린다.)

(결국 쓰레기통은 그 자리에 남아 있고 방 안은 어지럽혀진 채로 그대로 있다.)

진행자의 해설 및 도움말

남자는 왜 집에 들어오면 말하기를 싫어하고 혼자 TV나 신문을 보는 것을 위주로 하는가를 이해하려면 남자에게 집은 쉼터의 의미라는 것을 인정하는 것입니다. 여자와 남자의 역할은 인류 역사의 초기에 수렵 생활을 하던 때까지 거슬러 올라가 보면 남자는 들판과 숲을 헤매고 다니며 먹을 것을 구해 와야 하는 외로운 사냥꾼이었고, 여자는 집에서 음식물을 잘 저장 관리하고 아이를 기르는 일을 담당했을 것으로 추측하는 이론이 지배적입니다. 그후로 생활상의 변화가 있어 왔지만 남자는 밖의 일에서 돌아오면 조용히 쉬기를 꿈꾸고 여자는 가정 생활이 하나의 단란한 사회 같기를 바라는 차이가 있습니다.

집안일을 두고 서로 다른 태도를 보일 때 이를 협조적으로 해결해 가기 위해서는 첫째, 관심과 문제 사항을 현재의 일에 제한해야 합니다. 남자는 먹이를 찾는 사냥꾼의 집중력과 주변을 두루 보기보다는 한 방향을 집중적으로 보는 터널 비전(tunnel vision)을 가졌기 때문에 한 번에 한 가지 일만 할 수 있다고 합니다. 따라서 남자는 다중 트랙으로 운영이 안 되는 뇌 구조를 가졌으므로 한 번에 한 가지씩만 주문해야 나중에 오해가 없게 됩니다. 또한 어떠한 말다툼을 하게 되는 경우에도 서로간에 절대로 인신 공격적인 내용이 섞인 말을 해서는 안 됩니다. 끝으로 부탁을 하거나 어려움을 이야기할 때는 상대방에 대한 언급을 절대적으로 피하고 자기의 입장과 느낌을 표현하는 차원에서 말을 하는 것이 서로의 감정을 다치지 않는 길입니다. 이것을 일인칭 화법, 즉 I-Talk이라고 합니다. 당신은 이렇다 저렇다라고 하지 않고, 이럴 때 나는 이렇게 느끼게 된다는 식의 화법입니다. 이 점을 유의하시면서 똑같은 문제가 생겼을 때 멋진 커플이 서로를 대하는 장면을 보시겠습니다.
자, 나와 주세요.

장면 1-B [권유되는 장면 편]

* 음악 효과 : "Whatever Lola wants"[1]

여자1   당신 시장하시지요? 빨리 요리를 해야겠는데…… 어머 쓰레기통이 꽉 차서 냄새가 심하네. 누가 이 쓰레기통 좀 비워 주면 좋겠는데, 당신이 해주실래요?

남자1   (TV를 보며) 그래? 좀 이따 할게.

여자1   냄새 나니까 밥 먹기 전에 비워 주세요. 고마워요, 여보.

여자1   (빨래 광주리를 갖고 가 곁에 놓으며) 당신 TV 보면서 이 빨래 좀 개 줄래요?

남자1   응. (건성으로 대답하고 하지는 않는다.)

여자1   내가 요리하는 동안 당신이 빨래를 개주면 저녁 식사 후에 우리가 함께 할 시간이 좀더 있겠는데…….

남자1   (정신이 난 듯 흘끔 아내를 보며) 사람 부리는 데 아주 이골이 났어요. (마지못해 빨래 광주리를 잡아당긴다.)

여자1   (빙긋 혼자 웃으며 혼잣말을 하면서 부엌으로 간다.) 밥 먹고 산책이나 가자고 해야지.

여자1　저녁 식사 1분 전. 자, 즐거운 저녁 식사 시간입니다. 다들 어서 오세요.
남자1　(일어서서 온다.)
여자1　여보, 우선 쓰레기통 좀 밖에 내놓을래요?
남자1　그래. 내다 버리고 올게.

주제 2 장소 찾아 가기

장면 2—A

해설　부부가 함께 파티에 가는 길입니다. 운전을 하고 있는 남편이 길을 잘못 들어서 똑같은 길을 빙빙 돌고 있습니다. 보다 못한 아내가 짜증 섞인 목소리로 불평을 하기 시작합니다.

여자2　여보! 차라리 저기 가서 길을 좀 물어 보는 게 어때요?
남자2　(아무 대꾸도 안 하고 길을 찾는 데 여념이 없다)
여자2　여보, 여보 저기 주유소가 나오는데. (잠시 후) 어머나, 왜 그냥 지나가요?
남자2　좀 가만 있어 봐. 곧 나올 거야.

여자2   아니 처음 가는 길인 줄 뻔히 아는 양반이……. 시간을 지켜 당도해야 하는 자리인 걸 알면서도 지도도 한 번 안보고 그냥 나온 거예요? 아휴 정말 번번이 왜 그리 시간 개념이 없어요 그래. 또 무슨 망신이예요. (혼잣말처럼) 이런 사람을 믿고 사는 내가 한심하지. 쯧쯧.

남자2   (화가 난 목소리로 언성을 높이며) 왜 이렇게 시끄럽게 야단이야. 여기서 내려 줘?

여자2   (화를 내며) 도대체 당신이 잘하는 게 뭐 있어요? 아이고 정말 내 팔자가 사나워서 당신 같은 사람을 만나서 이 고생을 하고 살아. 겉만 번지르르 해가지고 속 빈 강정이라니. 누가 내 속을 알겠어.

남자2   (버럭 소리를 지르며) 그만 닥치지 못해!

진행자의 해설과 도움말

남자는 무의식적으로 어떤 상황에 처하든 혼자서 모든 해답을 찾아내야 하고, 문제가 있을 때는 이에 대한 해결책을 찾아내야 한다는 강박 관념이 있다고 합니다. 따라서 남자들이 원하는 것은 전폭적인 지지와 자신의 능력에 대한 인정을 받는 것입니다. 남자가 여자보다는 공간 지능이 높고 방향 감각도 뛰어나다고 알려져 있습니다. 이 점에 대해서는 수렵 생활을 할 때부터 먹이를 찾거나 사냥 후에 집으로 돌아가는 길을 찾는 일이 남자들의 일이었기 때문에 뇌가 다르게 개발이 되었다고 해석되기도 합니다. 우스갯소리로 한 일주일이면 도달할 거리를 모세는 왜 40년간이나 사막에서 방황하였을까 하는 질문에 대해 모세가 길을 묻지 않아서라는 게 정답이라고 합니다.

그렇다면 왜 남자들은 길을 묻지 않을까요? 길을 잘 몰라서 물어 보는 일은 여자에게는 그 이상도 이하도 아닌 단순한 일이지만 남자는 생각을 할 여지없이 무조건적으로 물어 볼 생각을 안 합니다. 이유는 길을 묻는 자체가 남에게 의지하는 일이며, 그것은 바로 허약함의 표시가 되기 때문입니다. 또한 스스로 그 사람보다 뭘 모른다고 자인하는 격이어서 기분이 안 난다는 것입니다. 이때 왜 길을 묻지 않느냐는 질문을 받게 되면 당황하고 있는 내심을 찔린 것 같아 오히려 화가 나게 되는 것입니다. 특히 이 길로 가보자 저쪽으로 가자 하는 식으로 주문을 받게 되면 자신을 무시하는 처사라고 믿고 다짜고짜 역정을 내게 됩니다. 남자들이 처녀와 결혼하기를 원하는 진짜 이유는 비교당하거나 비판받기 싫어서라는 말이 있습니다. 그만큼 다른 사람과 비교되는 것을 싫어한다는 의미에서 생긴 색다른 해석일 것입니다. 길 찾는 데 관심을 보이고 길을 못 찾는 것에 대한 언급을 하기보다는 그 사람의 수고를 이해하는 표현을 하는 것이 효과적입니다. 늦어져서 짜증이 날 때에도 상대방에 대해 공격적인 언사를 피하고 자신의 답답함에 대해서만 표현하는 게 바람직합니다.

남자는 또한 어쩌다 한번쯤 여자 앞에서 허약함을 보이는 것이 나쁘지 않다는 것을 아셔야 합니다. 그런 의미에서 오늘 이 자리에 와 계신 남자분들은 축복받으신 분들입니다. 왜냐하면 남자의 솔직한 면과 허약한 면을 보면서 동정심을 안 느낄 여자는 거의 없습니다. 세상 모든 여자의 이름으로 남자분들은 앞으로 때때로 허약해도 좋다는 허락을 드립니다. 여자들의 모성애와 동정심을 자극해서 손해 보실 일은 없기 때문입니다. 동정심과 사랑이 동전의 양면처럼 같이 간다는 것을 아신다면 굳이 억지를 써가면서 강한 체하려다가 언쟁을 하기보다는 편안하게 자신을 내보이는 것이 훨씬 이롭고 자연스러울 것입니다. 언급한 몇 가지 점을 보완한 내용을 다시 보시겠습니다.

장면 2 – B [권유되는 장면 편]

* 음악 효과: "Whatever Lola wants"

여자2 여보, 오늘 직장에서 일하고 또 외출하려니까 좀 피곤하죠? 내가 집에서 지도를 보고 나온다는 게 그만 깜빡 했어요. 어휴 내 정신. 어디 가서 길을 좀 물어 보십시다.
남자2 (아무 대꾸도 안 한 채 여전히 길을 헤매고 있다.)
여자2 (주유소가 가까이에 보인다.) 저기 주유소 좀 잠깐 들렀다

　　　　가요. 화장실 좀 가야겠어요.
남자2　꼭 가야 돼? 그러지 그럼. (차를 세운다.)
여자2　(주유소를 들러 와서) 여보, 화장실에서 나오다 물어 보니까 저 신호등을 지나서 그 다음에 만나는 사거리에서 오른쪽으로 틀면 된다고 하네요.
남자2　(갑자기 이미 다 알고 있었다는 듯이) 그래. 나도 이번에는 그러려고 했어. 처음에 그렇게 생각했는데 혹시나 해서 계속 직진했던 거였거든.
여자2　아, 그랬어요? 당신이 처음 생각했던 게 딱 맞았네요. 시험 볼 때도 항상 제일 먼저 떠오르는 답이 정답이잖아요. 혹시나 해서 두 번째 걸로 답하면 꼭 틀리고. 그런 때는 되게 억울하더라고요.
남자2　그래 맞아.
여자2　당신 덕분에 오늘 저녁 하늘의 별도 보고 근처 구경도 더 하고……. 정말 좋은 밤이에요. 당신은 얼굴 짱, 몸 짱, 드라이브 짱이야! 나는 언제나 당신을 믿어요.
남자2　나도 당신에게 고마워. 당신은 참 괜찮은 여자야. 미모에 머리 좋고 애들 잘 키우고, 오늘은 파티에 가서 맘껏 즐깁시다. 많이 늦진 않았어. 자, 내리시지요, 싸모님!

주제 3 로맨틱한 시간 만들기

장면 3-A

해설   달 밝은 밤에 로맨틱한 음악이 유유히 흐르고 (이때 여자가 음악을 튼다.) 여자가 신문을 보고 있는 남자 곁으로 온다. 야한 잠옷을 입은 여자가 남자 앞을 괜히 왔다 갔다 한다. 그래도 남자는 계속 신문만 들여다보고 있다. 여자가 코너 테이블에 놓여 있던 사진을 가져다가 남자 눈앞에 보여준다.

여자3   여보, 이 사진 좀 봐요. 당신 생각에도 젊었을 때 내가 송혜교 닮았어요?

남자3   (얼떨결에 사진 액자를 보고 여자를 쳐다본 후 기가 막히다는 듯 아무 말도 없이 다시 신문을 본다.)

여자3   하긴 그러니까 당신이 나를 죽자 살자 그렇게 목숨을 걸고 따라 다녔지. 여보, 근데 내가 당신 첫사랑이야?

남자3   (지겹다는 듯 하품을 하며) 느닷없이 뭔 소리야? 누가 뭘 어쨌다고? 또 첫사랑은 뭐 말라비틀어진 첫사랑이야? 밥 먹고 살기도 바쁜 세상에, 원…….

여자3   아니, 그럼 내가 첫사랑이 아니란 말야? (옆으로 바싹 다가서며 단호한 어조로) 첫사랑 아님? ……. 당신, 날 사랑하기는 하는 거야?

남자3 (어이없다는 듯) 갑자기 왜 이래?

여자3 (당황한 것을 억지로 참으며 웃음을 머금고 옆으로 다가가 테이블 아래에 감추어 두었던 장미꽃 한 단을 안고 분위기 있게 말한다.) 해피 발렌타인 데이!

남자3 (얼떨결에 신문에서 얼굴을 들고 멍한 표정으로) 응? 뭐, 해피 할로윈이라고? (긴 드레스 잠옷을 보고 착각인지 농담인지 모르게 엉뚱한 소리를 한다.)

여자3 (당황하지만 참으며) 오늘은 유난히 달이 밝네요. 와, 저 밤 하늘의 별들을 좀 보세요. 정말 아름다운 밤이야. 우리 와인 한 잔 할래요?

남자3 와인은 무슨. 피곤한데 그만 자자. 문단속 잘하고 와.

[드디어 화가 폭발하는 아내. 그 다음 장면은 상상해 보시기 바랍니다.]

진행자의 해설과 도움말

사랑을 할 때 남자는 침대로 가고 싶어하고 여자는 이야기를 하고 싶어한다는 말이 있습니다. 로맨틱한 분위기를 연출하는 것은 그러므로 여자를 위한 것입니다. 그래서 남자들이 데이트를 하는 동안에는 자신들에게는 사실 별 상관이 없을지라도 분위기 있는 레스토랑을 가고 꽃을 사는 수고를 하지만 결혼하고 나면 그런 일들을 생략하게 됩니다. 두뇌가 가장 강력한 섹스 기관이라고 밝혔듯이 남녀는 각각 로맨틱하게 여기는 것이나 섹시하다고 여기는 것이 다릅니다. 남자는 우뇌가, 여자는 좌뇌가 발달되어 근본적인 차이를 보이기 때문입니다. 남자는 사고 위주인 우측 뇌를 주로 쓰기 때문에 일과후 집에 들어서면서도 일의 연장선에 있는 상태이며 바로 가정적이고 사적인 분위기를 연출할 만큼 쉽게 기아 변속이 되는 상황이 아닙니다.

남자는 일반적으로 감정적인 문제를 이해하거나 표현하는 데 있어서 여자보다 7시간이 더 걸린다는 통계가 있습니다. 여자들의 다양한 감정 표현을 듣고 바로 이해하기를 기대하거나 들을 것에 부합되게 다감하고 표현력 있기를 기대하는 것은 무리라는 것입니다. 만약 그런 남자를 만나셨다면 오히려 제비가 아닌지 의심해야 할 것입니다. 남자들을 로맨틱한 분위기로 이끄는 것은 감미로운 음악이나 말보다는 그들이 긴장을 풀도록 그들만의 시간을 주고 피로가 풀리도록 도움을 주는 것입니다. 객관적인 상황 연출보다는 그들의 기분을 좋게 해주는 것이 전제가 된다는 것입니다. 남자로부터 로맨틱한 말이나 분위기 연출을 기대한다면 기분을 좋게 해주는 일이 먼저 시행되어야 합니다. 그게 무엇일지는 상상에 맡기도록 하고 다음 장면을 보시겠습니다.

장면 3-B [권유되는 장면 편]

* 음악 효과: "I just want to make love to you"

여자3 (단정한 복장: 가슴선이 약간 보이는 화려한 란제리가 보일 듯 말 듯 드러난 옷을 입고 남자 곁에 앉으며) 해피 발렌타인 데이!

남자3 (신문을 보고 있다가 뜬금없다는 얼굴로) 오늘이 발렌타인 데인가? (다시 고개를 신문으로 돌린다.)

여자3 (어깨를 마사지 해주며) 여보, 그런데 어제 모임에 갔더니 나보고 젊었을 때는 송혜교 같았을 거라고 하던데 당신도 그렇게 생각해요?

남자3 (어이없다는 듯하다가) 송혜교보다는 이효리가 더 어울려.

여자3 어머 그래요? 하긴 송혜교보다는 효리가 더 섹시하지. 당신이 그렇게 생각했으니까 그렇게 열렬히 따라다녔던 거구나. 나 갈수록 더 매력 있는 여자가 되어 볼까, 당신 기절하게?

남자3 (신문을 내려놓으며) 아이구 됐네 이 사람아. 당신만하면 됐어.

여자3 당신도 한때 내가 반했던 모습 그대로 조금도 달라지지 않았어요.

남자3 그래? 아 그럼! 이 나이에 당신 주변에 나보다 더 잘난 사람 있으면 나와 보라고 해.
여자3 (흐뭇한 얼굴로) 어머, 내가 뭐래요? 여보, 오늘은 유난히 달이 밝네요. 와, 저 밤 하늘의 별들을 좀 보세요. 정말 아름다운 밤이야. 우리 와인 한 잔 할래요?
남자3 와인은 무슨. (은근한 표정을 지으며) 피곤한데 그만 자자.
여자3 그래요. 그럼.(상의를 싹 벗으며 란제리 차림으로 일어선다.)
남자3 (눈이 휘둥그레지며 쳐다보다가 따라 일어선다.) 문단속 잘했지?

진행자의 결론

시대가 변하면서 남자들이 행세하기가 더 어려워지고 사뭇 기준이 모호해서 헷갈리는 세상이 되었다는 분들이 가끔 있습니다. 인류 역사상 처음으로 등장한 남녀 평등론이 나온 지도 수십 년이 되었지만 여전히 감정 표현이나 의사 소통 면에서는 서로 차이가 나서 사소로운 일에서도 번번이 부딪는 예가 허다합니다. 하루 해가 저물 무렵 집에 돌아오자마자 아내가 말을 걸면 해결책에 대해 고심하는 부담 없이 그냥 열심히 들어 주기만 하십시오. 여자분들은 이야기를 시작하기 전에 직접적이고 분명하게 "그냥 이야기하고 싶어요."라고 시작하세요. 한결 남자분의 부담이 줄어들게 될 것입니다. 아무쪼록 서로 인내하면서, 남녀의 차이에 대해 지속적으로 배워 나가는 자세를 가지기를 바랍니다.

서론

1) Cris Evatt, 『He & She: 60 Significant Differences Between Men & Women』(Emeryville, CA.: Conari Press, 1992), p.7.

하나. 남녀의 차이에 대한 이해

1) Karen Johnson, 『Trusting Ourselves』(New York: The Atlantic Monthly Press, 1991).
2) 1980년경 존스 홉킨스 대학의 존 머니(John Money) 교수는 남아와 여아의

차이는 사회적으로 형성된 것이라고 발표하기도 했다. 참고서적 『Leonard Sax, Why Gender Matters』(Random House, 2005).

3) Bruse Cameron, 『How to Remodel A Man』(New York: St. Martin's Press, 2004).
4) Judy Steinberg & Raechel Donahue, 『The Ropes』(New York: Dutton, 2005).
5) Cris Evatt, 『He & She』, p.48.
6) Ibid., p.14.
7) Ibid. 작별시에 걸리는 시간은 여아가 평균 92.5초이며 남아는 32초라고 한다.
8) Leonard Sax, 『Why Gender Matters』(Random House, 2005).
9) Bernice Canner, 『When It Comes to Guys-What's Normal?』(New York: Martins Griffin, 2005).
10) Jed Diamond, 『The Irritable Male Syndrome』(Rodale, 2004).
11) Joyce Brothers, 『What Every Women should know About Men』(New York: Simon & Schuster, 1981).

둘. 남녀의 차이를 고려한 성의 이해

1) plato, 『Timaeus』, trans. H.D.P. Lee(Baltimore:Penguin, 1965), 42A-C, 90C, 91A.
2) Plato, 『The Republic』, trans. W.H.D. Rous(New Youk: Mentor,

1956), 454B.

3) Elisabeth S. Fiorenza, 『"Breaking the Silence-Becoming Visible," in Concilium: Women Invisible in Theology and Church, ed. E. S. Fiorenza and Mary Collins』(Edinburgh: T. & T. Clark, 1985), p.6.

4) Aristotle, Politics, trans. Oxford University, 『The Basic Works of Aristotle』, Richard Mckean, editor (New York: Random House, 1941), 1.1254B.

5) David M. Schnarch, 『Constructing The Sexual Crucible』(New York. London: W. W. Norton & Company, 1991), p.563.

6) 주물숭배(fetishism)는 거의 배타적으로 남자들에게 국한된 현상이다. John Townsend, 『What Women Want, What Men Want』(Oxford. New York: Oxford University Press, 1998) 참고.

7) "Attractiveness is the capacity to evoke fantasy" -Dr. Arthur Feiner.

8) Chris Evatt, 『He & She: 60 Significant Differences Between Men & Women』(Emeryville, CA: Conari Press, 1992).

9) 《타임(Time)》, January 19, 2004 참조.

10) Ibid.

11) David B. Wexler, 『When Good Men behave Badly』(Oak Land, CA: New Harbinger INC, 2004) 참조.

12) Marianne J Legato, 『Why Men never remember & Women never forget』(Rodale, 2005), p.9.

13) David B. Wexler, 『When Good Men behave Badly』, p.196.

14) Marianne J. Legaro, 『Why Men never remember & Women never

Forget』(2005), p.108.
15) Ibid.
16) 제약회사 한국릴리는 4개국, 한국, 미국, 일본, 프랑스, 30~50대 기혼자 1200명을 대상으로 배우자와의 성관계에 만족하는 비율조사(2002-10-06 일자 시카고 중앙일보).
17) 영국 왕립 에딘버러 병원의 신경 심리학자인 데이비드 윅스(David Weeks)는 옥시토신의 영향과 그로 인한 젊어 보이는 외모에 대해서도 연구한 바 있다. Marianne J Legato, p.108.
18) Karen Johnson, 『Trusting Ourselves』(New York: The Atlantic Monthly Press, 1991).
19) John Townsend, 『What Women Want, What Men Want』(Oxford, New York: Oxford University Press, 1998), p.13.
20) John Townsend, Ibid, p.15.
21) Simon Levay, 『The Sexual Brain』(Cambridge, MA, London, England: The MIT Press, 1993). 수탉 효과의 이름의 유래: 미국의 쿠울리지 대통령 부부가 중서부에 있는 닭 농장을 방문했다고 한다. 영부인이 수탉 한 마리가 정말로 닭장 안의 모든 암탉을 성적으로 만족시키는가에 대해 의문을 가지자 농장주가 그것이 사실이라고 대답했다. 영부인이 쿠울리지 대통령이 이 사실을 알도록 해줄 것을 부탁하자, 이를 전해들은 대통령이 즉각적으로 답변하기를 수탉은 매번 다른 암탉을 취한다는 사실을 간과하지 말라고 했다고 한다.
22) Simon Levay, 『The Sexual Brain』, p.52.
23) David B. Wexler, 『When Good Men Behave Badly』, p.140.

24) John Townsend, 『What Women Want, What Men Want』, p.59.
25) Chris Evatt, 『He & She』.
26) David B. Wexler, 『When Good Men Behave Badly』, p.144.

셋. 사랑의 지도(Love Map)

1) 러브 맵이라는 말은 잔 머니(John Money)가 1986년 출간한 『러브 맵』이라는 책에서 처음으로 언급된 조어(造語)다.
2) John Money, 『Lovemaps: Clinical concepts of sexual erotic health and pathology』(New York: Prometheus Books, 1986), p.14.
3) 영어 표현에 "아름다움은 보는 이에 달려 있다(Beauty is in the eye of beholder)"가 있다.
4) Robert Maynard Hutchins, Ed., 『The Dialogues of Plato』(Chicago, London, Toronto, Geneva, Sydney, Tokyo, Manila: Encyclopaedia Britannica, INC., 1987) pp.157~159.
5) Francis Fergusson, 『The Human Images in Dramatic Literature』(Gardencity N.Y.: Doubleday & Co. Inc., 1957).
6) 존 파웰(John Powell)의 『The Secret of Staying in Love』 참조.
7) Carolyn Godschild Miller, 『Soulmates』(Tiburon, CA: H J Kramer INC, 2000).
8) Ibid.
9) Marianne J. Legardo, 『Why Men Never Remember & Women Never

Forget』(Rodale, 2005).

10) John Townsend, 『What Women Want, What Men Want』(Oxford, New York: Oxford University Press, 1998).
11) Marianne J. Legardo, Ibid.
12) Jean Stine & Camden Benares, 『It's All In Your Brain』(New York: Prentice Hall General Reference, 1994).
13) Mariane J. 『Legardo』, p. 21.
14) Joyce Brothers, 『What Every Women Should Know About Men』(New York: Simon & Schuster, 1981).

넷. 결혼에 대한 이해

1) Stephanie Coontz, 『Marriage, A History』(New York: Viking, 2005).
2) S. Coontz, 『Marriage, A History』.
3) Les Parrott III & Leslie Parrott, 『Save Your Marriage Before It Starts』(Zondervan: Publishing House, 1995).
4) Ibid.
5) Ibid.
6) John Townsend, 『What Women want, What Men want』(Oxford, New York: Oxford University Press, 1998).
7) John Townsend, Ibid., p.167.
8) Blaine J. Fowers, 『Beyond the Myth of Marital Happiness』(San

Francisco: Jossey-Bass Inc. 2000) p.53.

9) Ibid., p.55.

10) Blaine J. 『Fowers』, p.55.

11) Ibid., p.65.

12) Ibid., 화장품 산업으로 얻은 이익은 1914에서 1925년 사이에 1700만 불에서 1억 4100만 불로 증가되었다.

13) John W. Jacobs, 『All You Need is Love: And Others Lies about Marriage』(New York, N.Y.: Harper Collins, 2004) p.203.

14) Ibid.

15) Ibid.

16) Ibid.

17) 『The New Encyclopaedia Britannica』, Vol. IX 「The Development of Political Theory and Government」, p.186.

18) Ibid., p.166.

19) 찰스 굳이어(Charles Goodyear)가 1839년 생고무를 유황처리하여 경화시키는 방법을 개발하였다.

20) Willard F. Harley Jr, 『His Needs Her Needs: Building an Affair-Proof Marriage』(Grand Rapids, MI: Fleming H. Revell, 1986, 1994), p.12.

21) Ibid., p.42.

다섯. 바람기와 외도

1) Joyce Brothers, 『What Every Women Should Know About Men』(New York: Simon & Schuster. 1981).
2) John Munder, 『Male Paradox』(New York, London, Sydney, Singgapore: Simon & Schuster, 1992), p.73.
3) John F. Westfall, 『Enough is Enough』(Harper San Francisco: Zondervan publishing House, 1993), p.20.
4) John Munder, 『Male Paradox』, p.72.
5) Alice Miller, 『For Your Own Good, trans. Hiltgarde & Hunter Hannum』(Canada, USA: McGraw-Hill Ryerson Ltd, 1983).
6) Scott M. Stanley, 『The Power of Commitment』(San Francisco: Jossey-Bass, 2005).
7) 시오노 나나미, 『살로메 유모 이야기』(한길사, 2004).
8) Simon Levay, 『The Sexual Brain』(Cambridge, MA. London, England: The MIT Press, 1993), p.52.
9) John Townsend, 『What Women Want, What Men Want』(Oxford, New York: Oxford University Press, 1998), p.15.
10) Ibid., 1977년 레드북(Redbook)에서 십만 명의 여성을 대상으로 실시한 통계적 결과.
11) Ibid., p.16.

여섯. 행복한 커플의 비결과 파경을 예고하는 적신호

1) 정약용 저, 박석무 편역, 『유배지에서 보낸 편지』(창비, 2005).
2) 이인식 저, 『아바 신학』(동양 선교 문화 연구원, 2003).
3) Fightless, sexless.
4) Kahlil Gibran, 『The Prophet』(New York: Alfred. A. Knopf, 1981).
5) 장영, 『자유로 가는 인생』(Soho media, 2002).
6) 부부 관계에서 드러나는 네 가지 나쁜 징조는 John Gottman의 책을 참조한 것이다. John Gottman, 『Why Marriage Succeed or Fail』(New York: Simon & Schuster, 1994).
7) Blaine J. Fowers, 『Beyond the Myth of Marital Happiness』(San Francisco: Jossey-Bass Inc., 2000).
8) Scott M. Stanley, Ibid.

부록

1) 음악 CD Norah Jones: Music that matters to her. U S A: HEAR Music, 2004.